AF391412

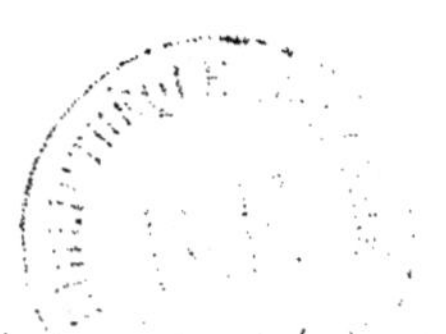

D'où provient le surnom de baptême DAUPHIN
reçu par Guigues IX, comte d'Albon

(1100-1105)

LES ORIGINES DU DAUPHINÉ DE VIENNOIS

D'où provient le surnom de baptème DAUPHIN
reçu par Guigues IX, comte d'Albon

(1100-1105)

GAP

L. JEAN & PEYROT, IMPRIMEURS-EDITEURS

1925

Extrait du *Bulletin de la Société d'Etudes des Hautes-Alpes,*
44ᵉ année, 5ᵉ série, t. IV, pp. 307-426.

*Cette conférence a été prononcée à Grenoble,
dans la chaire d'histoire de la Faculté des Lettres,
le 30 Janvier 1923.*

LES ORIGINES DU DAUPHINÉ DE VIENNOIS

D'où provient le surnom de baptême DAUPHIN
reçu par Guigues IX, comte d'Albon

(1100-1105)

L'histoire des comtes d'Albon présentait quelques dif-
ficultés : l'une d'elles, qui subsiste, consiste à déterminer
la provenance du nom de Dauphin, *Dalfinus,* lorsqu'il
parait dans leur maison, à la fin du XI° siècle ou au début
du XII° siècle.

La marche de ce nom, porté par eux depuis cette époque, a été fort bien étudiée par M. Auguste Prudhomme :
grâce aux archives de l'Isère, il a pu la suivre et la préciser assez complétement [1]. Cependant, son origine immédiate
demeure inconnue. En effet, constatant que Dauphin avait
jadis été le nom d'un évêque de Bordeaux au IV° siècle [2].
puis le surnom de l'évêque de Lyon saint Chamond au
VII° siècle [3], M. Prudhomme se borne à émettre l'hypothèse que, comme tout autre nom de saint inscrit aux
martyrologes, celui-ci a pu en être tiré pour s'imposer au
prince qui fut le premier, parmi les comtes d'Albon, à le
recevoir. Mais, tout d'abord, quand naquit cet enfant,
aucun texte ne fait connaître l'usage préalable du nom de
Dauphin en Viennois ou en Graisivaudan. Ce nom y fut
donc sans doute inusité jusqu'alors, de sorte que son adop-

tion, en ce qui concerne ce prince, est un fait inattendu qui mérite explication. De plus, les deux évêques de Bordeaux et de Lyon cités par M. Prudhomme étant les seuls saints de ce nom connus [1], il résulte de là que l'adoption de ce nom n'a pu se faire par un emprunt au martyrologe, car les martyrologes employés à la fin du XIe siècle, soit à Vienne, soit à Grenoble, ne devaient les rappeler ni l'un ni l'autre. La commémoraison de l'évêque de Bordeaux ne se rencontrait pas en dehors des calendriers et martyrologes particuliers du sud-ouest : celle de l'évêque de Lyon se trouvait uniquement aussi dans ceux de sa région [2]. Si le voisinage permettait bien à ce dernier d'être connu à Vienne, il faut remarquer avec soin que, dans son propre diocèse, jusqu'à une époque tardive, il ne l'a été que sous le nom de saint Chamond : en dehors des textes cités par les Bollandistes, l'église, qui existe encore aujourd'hui sous son vocable, le prouve [3]. Le surnom de Dauphin, qu'il reçut de son vivant, ne fut recueilli tout d'abord à son sujet, que par les sources de l'histoire anglo-saxonne, en particulier par Bède [4], et les textes lyonnais ne l'ont fait connaître ensuite qu'en le leur empruntant : même depuis lors, saint Chamond ou Aunemond demeura d'ailleurs, en France, le nom ordinaire de cet évêque.

En conséquence, au moment où les comtes d'Albon reçoivent le surnom de Dauphin, la provenance de ce surnom reste bien un mystère à élucider : c'est l'objet des recherches actuelles. Y aboutir aura pour résultat de fixer un détail fort menu de l'histoire : cependant, ce simple détail offre, en lui-même, assez d'intérêt pour ne pas être négligé. La fortune du nom de Dauphin présente, en effet, quelque chose d'extraordinaire et, cela, surtout à dater du moment où en a été perdu le sens réel. Depuis celui de César [5] et aussi, celui du grand Charles, il est à peu près le seul nom d'homme qui, porté par un prince, soit devenu le titre de ses descendants avec le symbole héréditaire de leur grandeur.

⁂

Chez les comtes d'Albon de la première race, dès le X⁰ siècle, à chaque génération, on le sait, l'aîné reçoit le nom d'Imbert ou Humbert, *Humbertus*, pour devenir le ministre du Dieu vivant, et le puîné celui de Guigon ou Guigues, *Wigo*, pour dominer le pays dont il sera le maître. L'habitude régulière des surnoms s'introduit chez eux au milieu du XI⁰ siècle : en 1063, le comte Guigues VI s'appelle tout simplement « le Vieux », son fils est Guigues « le Gras » [9]. Celui-ci, à son tour, a pour fils, d'un premier mariage, Guigues dit « le Comte » [10] et, d'un second, Guigues surnommé « Raymond ».

Guigues, dit le comte, épouse l'anglaise Mahaud, dite elle-même *Regina*. Ce surnom pourrait assurément être un nom propre, celui que plusieurs saintes fêtées le 22 février, le 2 avril, le 1ᵉʳ juillet et le 7 septembre avaient porté, mais le culte et le nom des deux plus connues d'entre elles, vénérées dans les diocèses de Cambrai et d'Autun, ne paraissent avoir été répandus ni dans le pays d'origine ni dans le pays d'adoption de Mahaud [11]. L'hypothèse la plus probable est donc qu'il faut reconnaître un titre de naissance dans son surnom : l'acte émané de son descendant au quatrième degré, le comte André-Dauphin, et daté du 15 août 1223 confirme cette vue d'une manière positive. Un tel fait n'est pas isolé : au début du XIII⁰ siècle, la comtesse de Flandre, nommée Thérèse dans son pays d'origine et Mathilde ou Mahaud dans son pays d'adoption, reçoit aussi le surnom de *Regina* [12]. Du Cange, en citant cet exemple, a depuis longtemps observé que le titre de Reine a été ainsi pris, en fait, non seulement par les femmes des rois, mais encore par des filles de rois, surtout en Espagne et en Languedoc [13]. Guillaume le Breton et Gilles d'Orval en font foi pour la comtesse de Flandre : [14] il résulte donc du surnom de Mahaud, femme de Guigues VIII le Comte, qu'elle était, sinon femme, du moins fille de roi.

De ce mariage naquirent Humbert, archevêque de Vienne, Guigues « le Vieux » et Guigues IX, dit « Dauphin » [1], qui paraît pour la première fois d'une manière explicite, après la mort de son frère aîné homonyme, et avec ce surnom étrange jusqu'alors inconnu, le 31 octobre 1110. La coûtume établie des doubles noms ou des surnoms continuait donc : elle durera, mais à un moindre degré jusqu'au XIIIe siècle ainsi qu'en témoigne Lambert d'Ardres [2]. Guigues étant le nom coûtumier et patronymique porté par tous les prédécesseurs de Guigues-Dauphin depuis huit générations, c'est Dauphin à n'en pas douter, qui est le surnom de ce prince.

De 1110 à 1142, les seize textes où il paraît le nomment vingt-trois fois, soit à cinq reprises seulement Guigues tout court et dix-huit fois Guigues-Dauphin. Donc, sauf exception, les deux noms se suivent et, quand ils ne se suivent pas, c'est le nom patronymique Guigues, au lieu du surnom, qui est le seul employé. Le premier de ces textes, du 31 octobre 1110, émane du comte d'Albon et se trouve encore maintenant conservé en original : il emploie la forme *Dalfinus*. Les autres ne sont plus que des copies transcrites plus ou moins tôt, plus ou moins tard. L'une d'entre elles donne *Dalfinus*, une seconde *Delfinus*, six autres *Dalphinus* et les deux restantes *Delphinus*. Pour le début du XIIe siècle, c'est donc la forme *Dalfinus* qu'il faut adopter : il y a lieu de remarquer qu'elle est conforme aux précédents de Bède, d'Eddius, d'Eadmer et du précepte royal qui remonte au 13 décembre 710. C'est donc la forme la plus exacte à retenir.

Le fils de Guigues IX - Dauphin portera d'abord le nom seul de son père. Il y joindra ensuite le même surnom que lui : en effet, les huit textes que l'on peut citer à son égard l'appellent deux fois Guigues de 1142 à 1148, quatre fois Guigues-Dauphin, de 1150 à 1162 et deux fois seulement Guigues pendant cette dernière période : l'usage adopté pour le père passe donc, dix ans après sa mort seulement, au fils à dater de 1150. Le précepte émané de la chancellerie impériale le 13 janvier 1155, conservé en son original, adopte la forme *Delfinus*.

*
* *

Ayant constaté que le surnom *Dalfinus* se trouve ainsi reçu dans la Maison des comtes d'Albon en 1110, il faut maintenant en déterminer la nature et en découvrir la provenance. Pour fixer sa nature, il convient d'établir la catégorie des surnoms alors en usage qui y répond par ses caractères propres. Quand sa nature sera connue, la voie qui l'introduisit en Graisivaudan se découvrira plus aisément.

L'examen de quelques textes des X*, XI*, et XII* siècles permet de distinguer en France cinq grandes classes de surnoms : les surnoms de baptême, les surnoms patronymiques, les surnoms d'origine, les surnoms de dignité sociale et les surnoms de qualité morale, intellectuelle ou physique, c'est-à-dire les sobriquets.

De plus, suivant que le surnom se trouve à la première génération de la famille où il apparaît ou bien aux générations suivantes, deux états différents se présentent quelquefois pour chacune de ces cinq classes : dans le premier, ils sont purement personnels et, dans le second, ils tendent à devenir héréditaires. Ces distinctions paraîtront compliquées, mais elles ne sont pas superflues : car, nécessaires pour définir clairement un surnom quelconque, seules, si on les exprime, elles peuvent y suffire.

Les caractères, qui sont particuliers à chacune de ces classes et aux états dans lesquels elles se rencontrent, ressortent des exemples fournis par les textes et, puisqu'il s'agit en ce moment de la maison d'Albon, celle-ci suffit d'ailleurs à présenter des spécimens assez caractérisés répondant à chacune d'elles. Les voici par ordre chronologique :

> 1063 : ego, Guigo comes, qui nomine vocor *Senex*, atque filius meus Guigo *Pinguis*.
> 1076 : Guigoflis de Albion.
> 1079 : Wigo, Dei indultú, oppidi Albionis comes... auctoramento fratris mei Guigonis, cognomento Raimundi.

22 février 1099 : ego, Guigo comes, filius Guigonis *Crassi*.

23 septembre 1103 : ego Guigo comes... laudat Guiguo, filius meus, cognomine *Vetus*.

22 janvier 1105 : signum Guigonis comitis. Signum filii ejus, Guigonis *Veteris*.

31 octobre 1110 : ego Guigo comes et uxor mea regina, nomine Maheldis..... laudaverunt filii eorum Guigo Dalfinus et Umbertus.

30 janvier 1131/2 : ego, Guigo Delphinus comes... donno Guigone comite Albionense patre meo et meâ matre Matildi comitissâ et uxore meâ comitissâ, sorore comitis Guilelmi de Burgundiâ laudantibus.... Signum Guigonis Delphini... Signum Guigonis comitis patris... Signum Matildis regine, matris Guigonis Delphini... Signum comitisse, uxoris Guigonis Delphini.

29 avril 1134 : ego Guigo Dalphinus, comes Albionensis.

1132-1142 : Guigo comes, qui vocatur Delfinus.

1142-1144 : Guigo comes, filius Guigonis Delfini.

13 janvier 1155 : fideli nostro Guigoni Delfino, comiti Gratianopolitano.

13 janvier 1155 : dilecto suo Guigoni Delfino, Albonis comiti.

1161 : domnus comes Albionensium, Guigo scilicet Dalphinus.

1184 : Phelisie, nutrici Delphini filii nostri.

1190-1192 : filius meus qui dicitur Delphinus.

1194 : filius meus Dalfinus.

1er octobre 1201 : tibi Beatrici comitisse Albionii et tibi Andree Dalfino ejus filio...... ipsa Beatrix et Dalfinus...... ita et Dalfinus... Beatrix comitissa et Dalfinus.... Beatrix comitissa et Andreas Dalfinus.... Beatrix comitissa et Dalfinus. Ego Beatrix comitissa Albionii et ego Andreas ejus filius... Beatrici comitisse et Dalfino..... ego Beatrix comitissa Albionii et ego Andreas Dalfinus filius ejus.

juin 1202 : Dalfino.. Dalfino.... Dalfinus... Dalfinus... Dalfino.... Dalfino... Dalfini....., Dalfinus... Dalfini.... Dalfinum.

1er septembre 1202 : filii mei Andree.

1203 : ego Dalphinus, Vienne et Albonis comes.. ego Dalphinus Vienne et Albonis comes.

décembre 1207 : Andream fratrem meum comitem Albonii.... Andreae comitis Albonii.

1208 : ego Andreas Dalphinus filius ejus.

1210 : ego Dalfinus comes.

5 avril 1211 : ego Beatrix, quondam uxor Dalphini.

1210/1 : dominus Andreas Dalfinus frater ejus, comes

Viennae.... eidem Dalfino... Dalfinum... Dalfino...
dominus Dalfinus.. Dalfini.. Dalfinus... Dalfinus...
Dalfinus... Dalfinus.... Dalfinum..... Dalfinus...
Dalfinus.

1213 : Andreas, dictus Dalphinus, comes Albionis et
Vienne palatinus.

1212-1215 : Andreas Dalphinus, comes Albonii et Vienne.

1212-1215 : Andreas Dalphinus, comes Albonii et Vienne.

mai 1215 dominum comitem Delfinum... Delfinus comes.

29 mars 1217 : Andreas Delphinus.

15 août 1222 : Andreas Delphinus, comes Albonis et
palatinus Vienne... ego Andreas, Delfinus et comes
Albionis et palatinus Vienne... a Delfino de Averniâ
consobrino meo.

13 décembre 1222 : uxoris meae filiae comitis Dalphini,
scilicet Andreae.

6 juillet 1223 : ego Andreas Delphinus, Vienne et Albonii
comes.. manescalcus domini Delphini... notarius domini Delphini.

janvier 1225/6 : Dalphinus comes Vienne et Albonii.

13 juillet 1228 : dominum Andream, comitem Dalfinum
Vianensem et Albonensem... dominus comes Dalfinus... dominus comes Dalfinus.. a domino Dalfino...
dominus comes Dalfinus... dominus Dalfinus.. domi-
comes... manescalcus domini Delphini... notarius
nus Dalfinus comes..... dominus Dalfinus comes...
dominus Dalfinus... dominus Dalfinus... domino
comiti Dalfino... domini Dalfini... domini Dalfini...
domino Dalfino... domino Dalfino.... domino comite
Dalfino... dominus comes Dalfinus... domini Dalfini.... domini Dalfini.... domino Dalfino..., domini
comitis Dalfini... domini comitis Dalfini..... dominus
Dalfinus comes... dominus comes Dalfinus... domino
Dalfino comiti... domino Dalfino... domino Dalfino...,
comitem Dalfinum... comes Dalfinus... domini Dalfini... domini Dalfini... dominus Dalfinus... domini
Dalfini... domino Dalfino comite... domini Dalfini comitis. capellanus domini Dalfini..., domini Dalfini
comitis.

24 juillet 1228 : dominum Delphinum comitem.. dominus
Delphinus.

14 décembre 1228 : uxori filii mei Delphini.

26 juillet 1230 : Andreas Dalphinus, comes Vienne et
Albonis.

février 1230/1 : mater Andree, domini Dalphini et comitis Albonis et palatini Vienne.. domno Dalphino...

> domnus Andreas Dalphinus et comes Albionis et pala-
> tinus Vienne... capellanus domini Dalphini... capel-
> lanus domne comitisse... medicus domni Dalphini... «
> Andree, domni Dalphini.
>
> 17 octobre 1232 : dominus Andreas Dalphinus, comes
> Albonis et Vienne.
>
> 2 août 1233 : marescalcum domini Dalfini... domino
> Dalfino.. Dalfino.. dominus Dalfinus Vienne... sacri
> palacii et domini Dalfini notarius.
>
> [   ] : nos Dalphinus comes Albonii et Vienne.
>
> [Sigillum Dalph]INI COMITIS ALBONII ET VIENNE P[alatini].
>
> 4 mars 1236/7 : domnus Andreas, Dalphinus Viennensis
> et Albonis comes... Andreae, Dalphini comitis.. comes
> Dalphinus.
>
> [1202-1218]. Légende des deniers de la monnaie de
> Césane : co[mes] DALP[H]INUS VIENENSIUM. Le type du
> revers de ces pièces imite celui qui caractérise la mon-
> naie de Dijon sous le duc de Bourgogne Eudes III
> (1193-1218) frère d'André.
>
> 1238 : Guigo Dalphini.
>
> 1244 : Guigo Dalphini, Vienne et Albonis comes.
>
> 1248 : Guigo, Dalphinus Viennensis.
>
> 1278 : Johanne de Dalphyn, comite.
>
> 1282 : Johannes Dalphini, comes Vienne et Albonis.
>
> 1282 : Humbertus, Delphinus Vienne et Albonis comes,
> dominusque de Turre et de Coloniaco.
>
> 1285 : Humbertus, dominum de Turre, tenentem Delphi-
> natum Vienne et Albonis.

Ces spécimens, fournis par l'histoire de la Maison
d'Albon, se rangent par ordre de classes, ainsi qu'il suit :

SOBRIQUETS.

> 1063 : Guigo comes qui, nomine, vocor senex... Guigo
> pinguis.
>
> 22 février 1099 : filius Guigonis crassi.
>
> 23 septembre 1103 : Guiguo, filius meus, cognomine vetus.
>
> 22 janvier 1105 : signum... Guigonis veteris.

Guigues le Vieux et Guigues le Gras, son fils, en 1063,
voilà deux sobriquets tirés tout naturellement d'une par-
ticularité physique très apparente. Ce ne sont pas ces
deux princes qui se les donnent eux-mêmes : ils les reçoivent et on a l'habitude de les leur donner. C'est leur
nom distinctif, *nomine.* Ils sont les premiers de leur race

à les recevoir : c'est leur nom personnel. Dans beaucoup de familles de rang ordinaire, ce sobriquet est devenu héréditaire, de manière à ne plus désigner seulement une personne de la famille, mais finalement la famille elle-même. Les familles Vieux et les familles Gras ne manquent pas. Les MM. Vieux peuvent être d'allure fort jeune et les MM. Gras peuvent être fort maigres : le Vieux et le Gras qui en sont l'origine réelle sont morts depuis longtemps. Leurs descendants subsistent; dans ce cas, ce ne sera plus, parmi eux, *Guigo Crassus*, mais *Johannes Crassi* ou *Petrus Veteris* qui portera leur nom. Les MM. Vieux et les MM. Gras s'opposaient, quand ils furent ainsi dénommés, aux MM. Jouve, *Juvenis*, et aux MM. Maigre, *Macer*.

En 1103 et en 1105, Guigues le Vieux n'est plus le père de Guigues le Gras, mais le frère aîné de Guigues-Dauphin : ce surnom est donc toujours un sobriquet marquant l'âge plus avancé de son titulaire par rapport à celui d'un membre homonyme de sa famille.

Les particularités physiques ne sont d'ailleurs pas les seules à avoir fourni des sobriquets : les particularités morales s'imposent aussi, tels les MM. Bonhomme ou Bonfils, Maucler ou Malvezin. Les particularités tirées de la profession seraient à ranger plutôt, logiquement, avec la classe suivante.

SURNOMS DE QUALITÉ ET DE DIGNITÉ.

22 février 1099 : ego, Guigo comes.

31 octobre 1110 : ego Guigo comes et uxor mea regina, nomine Maheldis.

30 janvier 1131/2 : signum Matildis regine.

15 mai 1222 : ego Andreas, Delfinus et comes Albionis et palatinus Vienne.

février 1230/1 : mater Andree, domni Dalphini et comitis Albonis et palatini Vienne... domnus Andreas Dalphinus et comes Albionis et palatinus Vienne.

2 août 1233 : dominus Dalphinus Vienne.

4 mars 1236/7 : domnus Andreas, Dalphinus Viennensis et Albonis comes.

[1202-1218 :] comes, Dalphinus Vienensium.

1248 : Guigo, Dalphinus Viennensis.

1282 : Humbertus, Delphinus Vienne et Albonis comes.

Guigues Comte, Mahaud Reine, Guigues Dauphin viennois, Humbert Dauphin de Vienne, voilà quatre surnoms de qualité qui sont l'expression du titre de dignité revêtu par les quatre personnes dont il s'agit.

En dehors de la famille comtale et delphinale, d'autres familles de rang ordinaire ne manquent pas où ces surnoms de qualité, attribués d'abord, non pas comme qualité réelle, mais comme sobriquets de dépendance et transmis d'une manière héréditaire, sont devenus le nom habituel de la famille : de là, les MM. Comte, les MM. Dauphin et, même, les MM. Roy ou Empereur, qui ne sont ni comtes ni dauphins ni rois ni empereurs d'origine. Dans ce dernier état, ce ne sera plus *Guigo Comes,* mais *Antonius* ou *Laurentius Delphini* ou *Franciscus Regis* ou *Johannes Imperatoris.*

Il faut observer que la transformation du surnom nominal Dauphin en surnom de qualité s'observe tout d'abord, sous le règne du comte André, dès le mois de mai 1215 probablement : *dominum comitem Delfinum,* et avec certitude à partir du 15 août 1222 : *ego Andreas, Delfinus et comes Albionis.* Désormais, sur les rives de l'Isère et du Rhône, les gens prennent pour un titre ce nom qui leur paraît étrange. Le souverain se pare de cette ignorance qui s'impose à tous ses sujets et, depuis l'avènement de la dernière race comtale, comme ce nom est un titre aux yeux du public, le pays régi par le Dauphin de Vienne devient le Dauphiné.

SURNOMS D'ORIGINE LOCALE.

1076 : Guigonis de Albion.
1079 : Wigo, Dei indultu, oppidi Albionis comes.
30 janvier 1131/2 : donno Guigone comite Albionense patre meo.
29 avril 1134 : ego Guigo Dalphinus, comes Albionensis.

Guigues « d'Albon », voici un surnom d'origine et, en fait, comme son fils le déclare lui-même peu après, ce Guigues était le comte du bourg d'Albon.

On a déjà eu l'occasion de le remarquer au sujet de la Provence : « dans la hiérarchie féodale, plus le nom de la terre est donné rapidement, moins la famille qui le reçoit a de notoriété et d'importance. Les châtelains le reçoivent, hors de chez eux, dès le début du XIe siècle et les vicomtes à la fin du XIIe siècle, quand ils cessent d'être vicomtes pour se terrer dans un château à l'écart et à l'abri du mouvement politique ».

De fait, ici, c'est le comte de Barcelone, dans son testament fait à Barcelone, qui est le premier, en 1076, à parler de Guigues « d'Albon » son gendre. De même, l'acte de 1079 a été fait pour Cluny hors du Viennois et c'est pourquoi on y spécifie si précisément que son donateur Guigues est le comte d'un petit bourg nommé « Albon », en Viennois.

Chez lui, il suffit à Guigues de se dénommer *Guigo comes* : il y est connu de tout le monde. La seule nécessité qui s'impose à ses sujets est de savoir s'ils traitent avec Guigues « le Vieux » ou bien avec son fils Guigues « le Gras ».

Le 29 janvier 1107, c'est encore un acte fait à Lyon, c'est-à-dire à l'étranger, qui désigne *Guigo comes Albionensis*. Le 30 janvier 1131/2, dans un don fait aux Templiers, c'est-à-dire à des étrangers, le donateur nomme son père *domno Guigone comite Albionense*. Enfin, le 29 avril 1134, dans un accord passé avec l'abbaye de Romans, le comte pour la première fois dans ses états, traitant avec les siens, se qualifie lui-même : *ego Guigo Dalphinus, comes Albionensis*. Le précepte du 13 janvier 1155 le dénomme : *comes Gratianopolitanus,* parce que, pour l'empereur, Grenoble est le centre de son pouvoir et, si, dès le 27 du mois d'avril 1050, dans un acte passé à Grenoble même, on désigne *Guigo Gratianopolitanae provinciae princeps,* la raison en est que cet acte ne concerne pas Grenoble : il est fait pour l'abbaye viennoise de Saint-Pierre hors du Graisivaudan.

Évidemment, on ne peut manquer d'objecter à ces faits que les souverains placés au sommet de l'échelle féodale ont toujours, ou presque toujours, et dès le début, exprimé le nom des peuples sur lesquels ils règnent en tête des actes émanés de leur chancellerie : mais ils s'adressent à tous présents et à venir. Quand on s'adresse à l'univers, il faut lui dire clairement d'où vient l'appel.

SURNOMS PATRONYMIQUES OU DE FILIATION.

1238 : Guigo Dalphini.
1244 : Guigo Dalphini, Vienne et Albonis comes
1278 : [Jean] de Dalphyn.
1282 : Johannes Dalphini.

Guigues Dauphin, Jean Dauphin ou de Dauphin représentent un surnom patronymique et on peut en préciser exactement l'origine. En effet, *Guigo Dalphini*, Guigues Dauphin (14 mars 1237 † 28 juill.-15 nov. 1269) était le fils d'André-Dauphin, *Andreas Dalphinus* (1192 † 14 mars 1237) et Jean Dauphin, *Joannes Dalphini* (28 juill.-15 nov. 1269 † 24 septembre 1282) fut, à son tour, le fils de ce Guigues XI Dauphin. Le surnom personnel Dauphin, *Dalfinus*, porté par les comtes d'Albon Guigues IX et Guigues X, depuis 1110 jusqu'en 1162, est donc devenu le surnom patronymique de leurs successeurs à partir de la mort du comte André-Dauphin, le 14 mars 1237.

Ce qui caractérise le surnom patronymique ou nom de famille héréditaire, c'est que la langue latine le place à la suite du nom de la personne sous la forme du cas génitif de la déclinaison du substantif. La langue française, ne pouvant exprimer cette forme, l'ajoute simplement au nom de la personne sans l'y joindre par l'artifice d'un tiret de ponctuation comme ce sera le cas pour les surnoms de baptême.

Beaucoup de familles portent ainsi, comme nom héréditaire, un surnom d'homme, tout d'abord personnel à leur auteur : de là, les MM. Jean, les MM. André, les MM. Guigues, les MM. Guion, les MM. Imbert. Il est rare qu'on puisse, comme c'est ici le cas pour les comtes d'Albon, en saisir si bien le point de départ, daté d'une manière précise.

SURNOMS DE BAPTEME.

1079 : Guigonis, cognomento Raimundi.
31 octobre 1110 : Guigo Dalfinus.

Voici, forcément, puisque toutes les autres classes de surnoms personnels ont déjà été reconnues, deux surnoms de baptême, Raymond et Dauphin.

Le premier nom personnel de l'enfant se trouvait reçu par lui dès le jour de sa naissance et, pour les ainés tout au moins, il devait répondre à la coûtume ancestrale : ce nom, dans la Maison d'Albon, était Humbert ou Guigues. Pendant sept générations au moins, Humbert a été le nom de l'aîné, Guigues celui du puîné, depuis Guigues III jusqu'à Guigues IX, et, même, pour les deux générations de Guigues VIII, de Guigues IX, ce nom coûtumier du puîné se trouve répété. Il est donné encore au troisième fils comme au second : le frère cadet de Guigues VIII est ainsi Guigues-Raymond et celui de Guigues le Vieux est, à son tour, Guigues-Dauphin.

Les aînés étant, par leur nom de naissance coûtumier, si l'on peut dire, le lot du père, les cadets forment ensuite, à cet égard, le lot de la mère. Elle leur donne donc le nom qui lui plaît de plus et, presque toujours, ce nom rappelle sa famille à elle : c'est ainsi qu'on a remarqué, dans la Maison d'Albon, aux générations de Guigues V et de Guigues VI, les noms maternels de Richard et de Guillaume, portés par les cadets.

Mais, pour un Chrétien, la naissance n'est qu'une preface : l'essentiel est le baptême et le baptême, cette renaissance — cette naissance à la vie spirituelle — peut ne pas confirmer le nom de naissance. C'est alors que parait le surnom de baptême.

Les deux textes, de 1079 et de 1110, qui viennent d'être cités, montrent que le frère puîné de Guigues VIII a reçu le surnom de baptême Raymond et que son neveu, le frère puîné de Guigues le Vieux, c'est-à-dire le futur Guigues IX, a ensuite reçu le surnom de baptême Dauphin. Il ne semble pas que Guigues X ait à son tour reçu un surnom de baptême : le premier acte qui le cite, après la mort de son père, de 1142 à 1144, le nomme simplement Guigues. *Guigo comes, filius Guigonis Delfini.* Cependant, ce surnom ne tarde pas à lui être attribué pour que rien ne lui manque de l'héritage paternel : ce n'est donc plus pour lui un surnom de baptême.

> 13 janvier 1155 : Guigoni Delfino, comiti Gratianopolitano.
> 13 janvier 1155 : Guigoni Delfino, Albonis comiti.
> 1161 : comes Albionensis, Guigo scilicet Dalphinus.

Ce n'est pas encore un nom patronymique : mais, si Guigues est un nom coûtumier de règne depuis plus de six générations, on peut dire que Dauphin, avec Guigues X, devient, après la mort de son père, un surnom de règne complétant son nom coûtumier Guigues.

On va voir ce que devient cette situation, à l'avènement de la Maison de Bourgogne, avec le petit-fils de Guigues X.

> 1184 : Delphini filii nostri.
> 1190-1192 : filius meus qui dicitur Delphinus.
> 1194 : filius meus Dalfinus.

Ainsi, comme nom de naissance, ce n'est pas le nom de règne coûtumier de la dynastie précédente que reçoit le fils de la comtesse d'Albon Béatrix et du duc de Bourgogne. Cet enfant ne reçoit pas le nom de Guigues : il reçoit, dès sa naissance, comme nom personnel, le surnom de règne de son aïeul maternel Guigues X auquel il était appelé à succéder : son père et sa mère le nomment Dauphin. Dès le 1er octobre 1201, s'exprime ensuite, dans les actes, son surnom de baptême André. Le 1er septembre 1202, sa mère ne lui donne que ce surnom : *filii mei Andree*. Quelquefois, on continue à ne lui donner que son nom de naissance : ainsi le fait son beau-père dans son contrat de mariage en juin 1202 à dix reprises. Lui-même, en 1203, en 1210 en fait autant : le statut de Grenoble en janvier 1225/6 suit cet usage. Sa première femme délaissée, le 5 avril 1211, sa mère, dans son testament, le 14 décembre 1228, en font encore autant. Cependant, l'usage qui paraît être le plus général consiste à exprimer, l'un après l'autre, son surnom de baptême et son nom de naissance : *Andreas Delphinus*, André-Dauphin, depuis le 1er octobre 1201 jusqu'au 15 août

1222. Dans l'acte muni de cette dernière date, ce nom de naissance, héritage du surnom de règne de Guigues X, commence à devenir positivement un titre : *ego Andreas, Delfinus et comes*... ce que le comte continuera à exprimer dans son testament le 4 mars 1236/7 : *domnus Andreas, Dalphinus Viennensis* comme sur ses monnaies dont la légende n'exprime que ses titres sans spécifier son nom : COMES, DALPHINUS VIENENSIUM. Si le nom s'y trouvait indiqué, la légende serait : *Andreas comes, Dalphinus Vienensium*, et, plus complétement encore : *Andreas, comes Albonis, Dalphinus Vienensium*.

En somme, des textes réunis par M. Auguste Prudhomme et de ceux qui viennent d'y être joints se dégage parfaitement, pour ce nom de Dauphin dans la Maison d'Albon, le développement suivant. Il a été, d'abord, le surnom de baptême d'un puîné qui, par la mort de son frère aîné, devient Guigues IX (1110-1142). Il est, ensuite, le surnom de règne de Guigues X (1155-1162). Il devient le nom de règne du comte André (1184-1222) dès la naissance de celui-ci, puis le premier de ses titres, *Andreas, Delfinus et comes* (1222) jusqu'à sa mort (1237). Surnom patronymique de Guigues XI (1237-1269), fils, et de Jean (1269-1282), petit-fils d'André, ce nom reste le titre primordial des princes régnants de la troisième race (1282-1349) et devient le nom de leur terre pendant que les princes membres de leur famille le gardent comme surnom patronymique ou nom de Maison. Ce titre, en passant à la France décorera l'héritier de la couronne jusqu'en 1830. Ce sont là six sens successifs qui se sont dégagés peu à peu l'un de l'autre de 1110 à 1349, en un siècle et demi de durée : M. Auguste Prudhomme en a énoncé les trois phases essentielles et les conclusions de son travail ainsi complétées paraissent définitives. La vérité est toujours plus complexe, quand on la considère longuement, qu'elle ne parait l'être au premier coup d'œil, si net qu'il puisse être.

*
* *

Le surnom de Dauphin reçu en 1110 par le futur Guigues IX, comme celui de Raymond reçu en 1079 par son oncle, étant, pour ces deux puinés, nécessairement un surnom de baptême, il importe d'étudier plus amplement les surnoms de cette classe, en dehors de la Maison d'Albon, pour en déterminer les caractères précis.

Dès le pontificat de Sixte III (432-440), la célèbre inscription placée par ce pontife dans le baptistère de Saint-Jean-Baptiste au Latran, ce sanctuaire central de la Chrétienté, réflète la doctrine de l'Eglise d'une manière lumineuse :

GENS SACRANDA POLIS HIC SEMINE NASCITUR ALMO
. . . .
QUEM VETEREM ACCIPIET, PROFERET UNDA NOVUM
. . . .
VIRGINEO FETU GENITRIX ECCLESIA NATOS
QUOS, SPIRANTE DEO, CONCIPIT AMNE PARIT ·
. . . .
FONS HIC EST VITAE QUI TOTUM DILUIT ORBEM
. . . .
COELORUM REGNUM SPERATE, HOC FONTE RENATI.
NON RECIPIT FELIX VITA SEMEL GENITOS
. . . .
. . . . HOC NATUS FLUMINE SANCTUS ERIT [19].

La renaissance du baptême, *fonte renati,* est donc la naissance nécessaire, *hoc natus flumine,* pour entrer dans la vie éternellement heureuse.

Ce principe posé, voici treize exemples de surnoms personnels reçus au baptême et groupés, selon le hasard des premières recherches faites, dans toutes les régions de la France, du Xe au XIIe siècle. En outre de ceux que fournirait l'étranger [20], d'autres se trouveraient en nombre plus considérable grâce à une attention qui se prolongerait encore : cela va de soi. Mais il est nécessaire de se borner à l'étude de ceux qui concernent des personnes de Maison royale ou comtale, car ce sont celles-ci dont la **généalogie** peut le mieux se suivre. A partir du XII° siècle, sauf exceptions, l'habitude s'établit, d'ailleurs, de baptiser les enfants presque aussitôt : ainsi, Philippe Auguste est déjà baptisé le lendemain du jour de sa naissance. Dans les premiers temps du christianisme, les empereurs, eux, préféraient attenbre la veille le leur mort pour entrer, sans doute, plus sûrement au paradis : maintenant, on craint de voir l'innocence, qui naît si fragile, condamnée à la brume éternelle des limbes si son souffle léger venait à s'éteindre avant d'avoir franchi les portes d'où se voit la lumière d'en haut. C'est cependant un risque très angoissant celui que craignent les Augustes d'en perdre ensuite le rayon par une mauvaise vie et d'être ansi plongé dans des ténèbres auprès desquelles les limbes ne sont rien. Telle est l'évolution de *la* pratique du baptême qui s'achève alors, de Constantin à Philippe Auguste : les grands bassins des baptistères primitifs, où l'on baptisait les adultes par immersion, font place aux fonts baptismaux très réduits de l'époque moderne. L'enfant naît désormais anonyme : N..... et il reçoit son nom seulement au baptême. Par suite, les surnoms de baptême précédents disparaissent.

Une douzaine d'exemples sont assurément suffisants pour servir de base à l'établissement des caractères particuliers que peut, d'ordinaire, présenter la classe des surnoms de baptême jusqu'au XII° siècle : car, si cette série d'exemples pris au hasard comme base offre des particularités communes et constantes, il sera vraisemblable qu'elles caractérisent bien les surnoms de baptême en général.

Voici donc ces exemples établis par ordre chronologique.

> Raymond-Pons, comte de Toulouse et duc de Guyenne (924 † vers 951).
> Charles-Constantin, comte de Viennois (924-vers 965).
> Eudes-Henri, duc de Bourgogne (965 † 15 octobre 1002).
> Otte-Guillaume, comte de Mâconnais (vers 987 † 21 septembre 1026 ou 1027).

Foulques-Bertrand, comte de Provence (1018 † vers 1050).

Hugues-Renard, comte de Tonnerre, évêque de Langres (1046-3 ou 5 avril 1085).

Guy-Geoffroy, comte de Poitou, duc de Guyenne (vers 1027 † 24 septembre 1086).

Henri-Etienne, comte de Blois et de Champagne (1061 † 1102).

Borel-Eudes Ier duc de Bourgogne (1079-1102).

Guigues-Raymond, comte de Lyonnais (né vers 1071 † vers 1109).

Thibaud-Louis VI, roi de France (1081 † 3 août 1137).

Flour-Louis VII, roi de France (1120 † 18 septembre 1180).

Adéodat-Philippe II Auguste, roi de France (1165 † 14 juillet 1223).

Les textes narratifs seuls ne suffiraient pas à entreprendre cette étude : leur nombre est trop restreint et leurs auteurs sont, pour écrire, bien souvent en retard sur les faits qu'ils rapportent. Les textes diplomatiques ont le mérite d'être nombreux. De plus, mérite encore plus grand, ils fixent généralement les faits sans retard. Enfin, ce qui est pour l'objet de cette étude leur principale qualité, le prince lui-même dont il s'agit, ou du moins le scribe dont il se sert, parle souvent par eux.

Les textes diplomatiques et les textes narratifs combinés donnent, au sujet de ces treize exemples, les résultats suivants qui peuvent se coordonner en un simple tableau :

1° Raymond-Pons[21]. — 11 textes :

9 diplomatiques le nommant 17 fois, soit :

    Raymond. .... 6 (6 mars 932-5 mai 951).

    Raymond-Pons. .... 2 (28 août 936-938).

    Pons. .... 9 (17 déc. 924-août 940).

1 historique le nommant 1 fois :

    Raymond 1

2° Charles-Constantin[22]. — 11 textes :

7 diplomatiques le nommant 9 fois :

    Charles. .... 9 (3 juin 924-19 mai 962).

4 historiques le nommant 4 fois :

    Charles-Constantin ...... 4 (931-953).

3° Eudes-Henri [23]. — 9 textes :

4 diplomatiques le nommant 5 fois :
    Henri. .... 5 (974-1002).

5 historiques le nommant 5 fois, soit :
    Eudes. .... 1 (965).
    Henri .... 4 (965-1002).

4° Otte-Guillaume [24]. — 16 textes :

14 diplomatiques le nommant 21 fois, soit :
    Otte. .... 5 (av. 986-mai 999).
    Otte-Guillaume .... 7 (28 oct. 1019-vers 1040).
    Guillaume. .... 9 (24 oct. 996-1107).

2 historiques le nommant 12 fois, soit :
    Otte. 1
    Otte-Guillaume. 7
    Guillaume-Otte. 3
    Guillaume 1

5° Guillaume-Bertrand [25]. — 19 textes :

17 diplomatiques le nommant 20 fois, soit :
    Guillaume .... 4 (1013-1019).
    Guillaume-Bertrand ..... 4 (vers 1030).
    Bertrand .... 12 (1030-1044).

6° Hugues-Renard [26]. — 11 textes :

10 diplomatiques le nommant 12 fois, soit :
    Hugues. .... 1 (29 sept. 1046).
    Hugues-Renard .... 1 (29 sept. 1046).
    Renard-Hugues .... 1 (17 mars 1060).
    Renard .... 9 (1068-1086).

1 historique le nommant 1 fois, soit :
    Renard-Hugues .... 1 (1065).

7° Guy-Geoffroy-Guillaume [27]. — 114 textes :

111 diplomatiques le nommant 138 fois, soit :
    Guy .... 35 (av. 1040-vers 1080).
    Guy-Geoffroy .... 5 (vers 1047-4 sept. 1078).
    Geoffroy .... 73 (juin 1043-vers 1090).
    Geoffroy-Guillaume ...... 1 (11 janv. 1081).
    Guillaume-Geoffroy. ..... 1 (28 janv. 1077).
    Guillaume-Guy .... 1 (vers 1110).
    Guillaume. .... 24 (nov. 1058-1087).

3 historiques le nommant 14 fois, soit :

    Guy 5
    Geoffroy-Guy 1
    Geoffroy 8

8° Henri-Etienne [30]. — 22 textes :

21 diplomatiques le nommant 32 fois, soit :

    Henri .... 4 (1061-28 janv. 1102).
    Henri-Etienne .... 3 (vers 1083-après 1084).
    Etienne-Henri .... 4 (vers 1083).
    Etienne .... 21 (1074-28 janv. 1102).

 1 historique le nommant 1 fois, soit :

    Etienne 1

9° Borel-Eudes Ier [30]. — 34 textes :

32 diplomatiques le nommant 34 fois, soit :

    Eudes .... 34 (22 mars 1077-9 juil. 1102)

 2 historiques le nommant 3 fois, soit :

    Eudes 1
    Eudes-Borel 2

10° Guigues-Raymond [30]. — 2 textes :

 1 diplomatique le nommant 1 fois :

    Guigues-Raymond .... 1 (1079).

 1 historique le nommant 1 fois :

    Guigues .... 1 (1109 ?).

11° Thibaud-Louis VI [31]. — 392 textes :

391 diplomatiques le nommant 391 fois :

    Louis .... (1081-1137).

 1 historique le nommant 1 fois :

    Louis-Thibaud 1

12° Flour-Louis VII [32]. — 799 textes :

798 diplomatiques le nommant 798 fois :

    Louis .... (1137-1180).

 1 historique le nommant 1 fois :

    Louis-Flour 1

13° Adéodat-Philippe II Auguste [33]. — 2241 textes :

2236 diplomatiques le nommant 2236 fois :

    Philippe .... (1180-1223).

5 historiques le nommant 5 fois, soit :
```
Philippe  .................  3
Philippe-Adéodat  .........  2
Philippe-Auguste  .........  1
```

Ainsi, pour les dix premiers de ces personnages princiers qui ont vécu et régné avant le XIIe siècle, dont on connaît à la fois le nom de naissance et le surnom de baptême, 249 textes sont réunis dont 229 diplomatiques et 20 narratifs : ils nomment ces princes 321 fois, les scribes de chancellerie le font à 279 et les historiens à 42 reprises.

Sur ces 321 mentions, 73 donnent le nom de naissance seul, 34 donnent le nom de naissance suivi du surnom de baptême, 187 donnent le surnom de baptême seul, 12 donnent le surnom de baptême suivi du nom de naissance. De plus, pour Guy-Geoffroy qui assume finalement le nom coûtumier de Guillaume, il y a 21 mentions de ce surnom de règne seul, 1 mention de ce nom suivi du nom de naissance, 1 mention de ce nom suivi du surnom de baptême, et 1 mention du surnom de baptême suivi de ce surnom Guillaume. Cela fait 107 exemples du nom de naissance, dont 73 où il se trouve isolé, pour 199 exemples du surnom de baptême, dont 187 où il est isolé : il y a 21 exemples du surnom de règne primant le surnom de baptême. La mention du nom de naissance répond donc au tiers environ des mentions réunies et celle du surnom de baptême aux deux tiers.

Pour les trois derniers des personnages envisagés, c'est-à-dire pour les trois rois de France qui ont régné au XIIe siècle, quand l'administration du baptême arrivait à suivre aussitôt la naissance, seuls quelques textes narratifs isolés font connaître leur nom de naissance devenant ainsi éphémère et tombant aussitôt dans l'oubli : pour Philippe Auguste, le dernier d'entre eux, Mr Léopold Delisle a énuméré 2241 textes diplomatiques : tandis que 2 sources narratives seules ont relevé son nom de naissance, cette masse de documents émanés de sa chancellerie et tous les autres historiens ne connaissent que son surnom de baptême.

En somme, du X⁰ au XIII⁰ siècle, le surnom de baptême prédomine et le nom de naissance s'efface plus ou
moins rapidement devant lui pendant la vie des personnes
qui les ont reçus tous les deux l'un après l'autre. Le cas
de Guy-Geoffroy est particulier : cadet, il n'était pas
destiné à régner et, quand il est monté sur le trône, son
nom de naissance étant déjà perdu, il a dû abandonner
aussi son nom de baptême Geoffroy pour recevoir le nom
de règne coûtumier de sa Maison : Guillaume. On connaît
d'autres cas analogues [28] et c'est pour la même raison, sans
doute, que, par exception, le surnom de baptême Raymond
de Guigues-Raymond n'a pas prévalu, car Guigues était
le nom de règne adopté par la Maison d'Albon. Il y a donc
eu, à partir du moment où Guigues-Raymond est arrivé
par son mariage à dominer le Lyonnais, huit générations
de comtes de Forez Guigues du début du XII⁰ jusqu'au
milieu du XIV⁰ siècle, exactement comme avant lui
s'étaient succédé huit générations de Guigues sires de
Vion ou comtes d'Albon. Si le surnom de Raymond avait
été aussi singulier, aussi énigmatique à Lyon que celui de
Dauphin à Grenoble, on aurait pu avoir, au bout d'un
siècle, des Raymonds de Forez aussi bien que des Dauphins
de Viennois, des Dauphins d'Auvergne et des Dauphins
de France.

*
* *

Après avoir constaté la prédominance générale du surnom de baptême sur le nom de naissance et son effacement
devant le nom de règne, il faut fixer la provenance ordinaire du surnom de baptême.

1° Raymond-Pons, comte de Toulouse et duc de
Guyenne (924-vers 951).

Raymond III-Pons, comte de Toulouse et marquis
(924-951), fils de Raymond II (918-922), petit-fils d'Odon
(898-918), arrière-petit-fils de Raymond I⁰⁰, a évidemment
reçu à sa naissance ce nom de Raymond qui était celui de

sa race. Celui de Pons qui lui a été donné par surcroît, *nutu Dei*, est sans aucun doute, son surnom de baptême et, puisqu'il avait reçu de son père celui de Raymond, il faut que celui de Pons vienne d'un autre côté. Le *nutus Dei*, dans ces cas-là, se manifeste surtout aux femmes, mais le nom de la mère de Raymond-Pons n'est pas connu. Ce qu'on sait, c'est que le comte de Carcassonne *Oliba II* (870-877), frère du comte de Razes Acfred (873-883), eut un fils nommé *Bencio*. En attendant mieux, on peut conjecturer que la mère de Raymond-Pons était fille du comte *Oliba II,* ce qui expliquerait, d'une manière raisonnable, le *nutus Dei* d'où proviendra la fondation, par Raymond-Pons, ainsi voué au nom de Pons, de l'abbaye Saint-Pons de Thomières. Pour Raymond-Pons, le surnom de baptême Pons, n'a pu, cependant, l'emporter sur son nom de règne mais l'un de ses petits-fils — un cadet — sera appelé Pons.

2° Charles-Constantin, comte de Viennois (924-965).

L'empereur Louis l'Aveugle avait épousé Alix : mais ce fils, qu'il eut, fut forcément un bâtard, sans quoi, au lieu d'être réduit au rang de comte du Viennois, il eût succédé à la couronne de son père.

Constantin se présente comme étant son nom de naissance, puisqu'il disparaîtra, dans les actes diplomatiques, devant celui de Charles. Ce nom de Constantin était porté, dans le Viennois à la fin du IX siècle [25], et il peut rappeler *le* père de la concubine prise par l'empereur. Le surnom de baptême Charles est ambitieux s'il rappelle l'empereur Charles le Gros, père adoptif de Louis l'Aveugle. Il était mal choisi, car c'est un nom, semble-t-il, qui n'a pas porté souvent bonheur depuis la mort de Charlemagne.

3° Eudes-Henri, duc de Bourgogne (965 † 15 octobre 1002).

Le duc de France Hugues le Grand, mort à Dourdan, le 16 juin 956, avait eu trois fils : Hugues qui devint roi de

France, Otton duc de Bourgogne et Eudes-Henri, voué à
l'Eglise. Le duc de Bourgogne Otton étant mort le 23 février sans enfant, il fallut que Eudes-Henri renonçât à
Dieu pour le remplacer : il est le duc de Bourgogne Henri
mort à Pouilly le 15 octobre 1002.

Son nom de naissance Eudes rappelle celui de son
grand-oncle qui, heureux présage, avait été le premier
prince de la souche capétienne à ceindre la couronne de
France († 1er janvier 898) : quant à son surnom de baptême, Henri, étranger à sa race, il suffit, pour l'expliquer,
de rappeler que son père, le duc Hugues, avait épousé
Hatwidis, fille du duc de Saxe Henri (décembre 912),
devenu roi de France orientale, c'est-à-dire de Germanie,
en 919 († 2 juillet 936). Ainsi, Eudes-Henri a reçu, comme
surnom de baptême, de sa mère, le nom de son grand-père
maternel.

4° Otte-Guillaume, comte de Mâconnais (vers 987-
21 septembre 1026 ou 1027).

Le comte de Mâconnais et de Bourgogne Otte-Guillaume était fils d'Adalbert comte du Val d'Aoste, précédemment roi de Lombardie (15 décembre 950-25 décembre
961) et de Gerberge. Le nom de naissance reçu par Otte-
Guillaume est assurément un hommage rendu par son
père, roi déchu de Lombardie, à Otton Ier son successeur
(octobre 961) qui reçoit la couronne impériale à Rome le
2 février 962 († 7 mai 973) : Otte-Guillaume a donc dû
naître de 962 à 973. Reste à déterminer l'origine de son
surnom de baptême. Sa mère Gerberge était fille de Lieutaud, comte de Mâconnais et de Bourgogne (933-958), et
de sa première femme Ermengarde (935 † avant 943). Cette
première femme du comte Lieutaud était, elle-même, fille
du comte de Chaunois Manassès et d'une première Ermengarde († après 12 avril 935), sœur de Louis l'Aveugle. Or,
l'autre sœur de Louis l'Aveugle, Engelberge, était mariée
avec Guillaume duc de Guyenne, marquis d'Auvergne et
comte de Mâconnais. La mère d'Otte-Guillaume, Gerberge

de Mâcon, a donc pu donner à son fils, comme surnom de baptême, vers 965, ce nom de Guillaume qui lui rappelait son grand-oncle, l'illustre prédécesseur à Mâcon de son père Lieutaud.

5° Foulques-Bertrand Guillaume VI, comte de Provence (1018 † vers 1050).

Fils puîné du comte Guillaume IV (992 † 1018) et de Gerberge, ni son père ni sa mère, fille d'Otte-Guillaume dont il vient d'être question, ne paraissent lui avoir donné ses noms : c'est que sa grand'mère paternelle, la vieille comtesse Alix veuve de Guillaume II, vivait encore et elle ne mourra qu'en 1026. Alix était fille du comte d'Anjou Foulques le Bon et de Gerberge : c'est elle, par consé-quent, qui, dominant la famille, donne à son petit-fils Foulques-Bertrand ce nom de naissance Foulques en souvenir de son père à elle. Avant d'être la femme du comte et marquis de Provence Guillaume (986), Alix avait été mariée tout d'abord avec le comte de Gévaudan Etienne Ier (940 ?-975 ?). Elle avait aussi été reine de France pendant deux ou trois ans (979-981). Du comte de Gévaudan elle avait eu deux fils et une fille, Pons, Ber-trand et Ermengarde, comtesse d'Auvergne.

Ainsi, c'est sa grand'mère paternelle qui, après avoir donné à Foulques-Bertrand, son nom de naissance Foul-ques, y ajoute encore son surnom de baptême Bertrand, en souvenir du Gévaudan.

Cela ne devait pas être tout. En effet, Guillaume V, frère aîné de Foulques-Bertrand, étant mort sans enfant avant 1030, Foulques-Bertrand lui succède et reçoit le nom de règne de la famille. Il devient Guillaume VI de Pro-vence.

Son fils s'appellera Guillaume Bertrand, *Willelmus Bertrandi*, de sorte que le surnom de baptême du père devient, joint au nom de règne, le surnom patronymique du fils.

6° Hugues-Renard, comte de Tonnerre, évêque de
Langres (1046-3 ou 5 avril 1085).

Milon III, comte de Tonnerre et de Bar-sur-Seine
(† avant le 29 septembre 1046), a eu, d'*Azeca*, quatre fils
et une fille, Guy, Hugues-Renard, Valeran, Geoffroy et
Eustachie. On ne sait d'où vient le nom de naissance de
Hugues-Renard : peut-être de sa mère. En tout cas, le
comte Milon III avait un frère Renard, également comte
de Tonnerre (997-1040 ?). et, ainsi, à première vue, il
semble bien que le surnom de baptême de Hugues-Renard
lui soit venu du côté de son père. Ce serait là une exception marquée à l'habitude observée si nettement jusqu'ici
de laisser au côté matenrel le choix du surnom de baptême. Cependant, comme les habitudes souffrent moins
d'exceptions que les principes, il faut y regarder à deux
fois. Ce surplus d'attention se trouve bientôt satisfait, car
les deux comtes Milon et Renard étaient fils, eux-mêmes,
du comte de Tonnerre Milon II († vers 998) et d'Ermengarde. C'est cette Ermengarde qui apporta le comté de
Bar-sur-Seine aux comtes de Tonnerre : elle était, en
effet, fille unique du comte de Bar-sur-Seine Renard
(† peu après 997). Ainsi, tout s'éclaire : c'est Ermengarde
qui a appelé son fils cadet Renard, c'est elle, plus tard,
devenue grand'mère, qui a donné son surnom de baptême
à Hugues-Renard. Le nom du dernier comte de Bar-sur-
Seine revivait ainsi doublement grâce à elle.

7° Guy-Geoffroy Guillaume VIII, comte de Poitou
duc de Guyenne (1027-24 septembre 1086).

Guy-Geoffroy est le fils de Guillaume V le Grand,
comte de Poitou, duc de Guyenne (990 † 31 janvier 1030)
et de sa troisième femme Agnès. C'est celle-ci qui donna
à son fils cadet Guy-Geoffroy à la fois son nom de naissance Guy et son surnom de baptême Geoffroy. En effet,
elle était fille d'Otte-Guillaume, comte de Mâconnais et de
Bourgogne († 1027) : elle donna ainsi à son fils le nom de
son frère Guy comte de Mâconnais, mort prématurément

vers 1004 et, comme surnom de baptême, le nom de Geoffroy Ier comte de Gâtinais, gendre d'Aubry II comte de Mâconnais et d'Ermentrude par son mariage avec Béatrix sœur utérine d'Agnès.

Guy-Geoffroy devait lui-même prendre un troisième nom : en effet, ses frères aînés Guillaume VI et Pierre Guillaume VII étant morts, il dut assumer à son tour le nom de règne prescrit par la coûtume de sa Maison : il fut donc Guillaume VIII en devenant duc de Guyenne.

8° Henri-Etienne, comte de Blois et de Champagne (1061 † 1102).

Henri-Etienne, comte de Blois et de Champagne, était fils de Thibaud Ier de Champagne, IIIe de Blois (né vers 1012 † 1089 ou 1090) et de sa première femme Garsende, fille de Herbert Eveille-chien comte du Mans : répudiée avant 1049, elle se remarie avec Azzon marquis de Ligurie. Thibaud Ier avait, comme frère cadet, Etienne II comte de Champagne (1032 † avant 1048). Ce n'est ni le père ni la mère de Henri-Etienne qui lui ont donné son nom et son surnom : lors de sa naissance, son grand-père paternel, le comte Eudes II de Blois et de Champagne (né vers 983 † 15 novembre 1037) et sa grand'mère paternelle Ermengarde d'Auvergne († après 1042, le 10 mars, selon le nécrologe d'Epernay : *Bouquet*, t. XI, p. 424) vivaient encore.

La comtesse Ermengarde, seconde femme d'Eudes II, était fille de Robert Ier comte d'Auvergne et d'Ermengarde de Gévaudan : c'est évidemment la femme d'Eudes II qui, tout d'abord, nomma Etienne II son fils cadet, puis attribua, comme surnom de baptême, le même nom à son petit-fils Henri-Etienne. En effet, Ermengarde d'Auvergne, fille du comte Robert, était nièce de l'évêque de Clermont Etienne (1025 ? † 16 septembre 1052 ?).

9° Borel-Eudes I ͬ, duc de Bourgogne (1093-1102).

Fils puîné de Henri de Bourgogne († 27 janvier 1070-1074) et de Sibille († 10 juin   ), son père était lui-même fils de Robert Ier duc de Bourgogne († Fleurey-sur-Ouche, le 20 mars 1075/6) et de Hélie de Semur, répudiée par lui avant le 16 janvier 1055. Sa mère, Sibille, était fille de Renaud Ier comte de Bourgogne († 4 septembre 1057) et d'Alix de Normandie. Borel-Eudes a dû naître vers 1060 : il succède comme duc de Bourgogne, à son frère aîné Hugues Ier devenu moine à Cluny dont le bonheur sera désormais, pendant près de quinze ans, de cirer les souliers de tous ses frères en religion, occupation plus absorbante sans doute que ne l'avait été pour lui le gouvernement de son duché, mais où il trouvait, très simplement, la paix du cœur et de l'esprit († 29 août 1093).

Le duc Robert Ier avait eu un frère, Eudes, mort sans alliance : cependant, l'usage observé jusqu'ici, de voir donner le surnom de baptême fréquemment par la mère plutôt que par le père, oblige à rechercher si Borel-Eudes ne tiendrait pas le sien de sa mère Sibille de Bourgogne. C'est elle, assurément, qui a nommé son autre fils l'abbé de Flavigny Renaud († 1092) en souvenir de Renaud comte de Bourgogne son père : or, Renaud avait été fils du grand comte de Bourgogne Otte-Guillaume († 21 septembre 1027). Il y a lieu de penser que Sibille a donc donné, à son fils Borel-Eudes, comme surnom de baptême, ce nom *Otto* qui, s'assimilant aisément à celui d'*Odo* déjà porté par un oncle de son mari, s'énonce Borel-Eudes. Sibille avait, d'ailleurs elle-même, un oncle et un frère qui portaient celui de Guy, *Wido :* celui-ci, de même, peut s'assimiler sans trop de heurt à *Odo*.

Reste à savoir d'où Borel-Eudes peut tirer son nom de naissance.

L'historien des ducs de Bourgogne, M. Ernest Petit, pense que ce nom lui fut donné, sans doute, en raison de la couleur rousse de ses cheveux. S'il s'agissait d'un sur-nom, cette explication ne serait peut-être pas impossible :

il s'agirait d'un sobriquet comme celui de Robert II Courte-heuse duc de Normandie son contemporain (né vers 1054 † 7 février 1134) ou comme celui du baron de la Roche-des-Arnauds nommé *Osasicca* ou encore comme celui de Taillefer. En fait, ce sobriquet de Borel serait l'opposé du sobriquet de Morel. Cependant, il ne faut pas oublier que Borel était un nom de naissance porté dans la Maison de Barcelone.

Le comte de Barcelone Borel, marquis de la marche d'Espagne et duc de Gothie, était né avant le 16 juin 945 : il mourut le 30 septembre 992 après avoir été marié deux fois. Tout d'abord, il le fut avant le 6 juin 969, avec Liégarde, que l'on pense avoir été fille de Raymond III-Pons comte de Toulouse et de Garsende : Liégarde mourut avant le 11 juillet 988, laissaant deux fils et trois filles. L'ainé, recevant quelquefois comme surnom patronymique le nom de son père, sera Raymond Borel et le second, Ermengaud.

Le comte de Barcelone Borel, fut marié, en second lieu, avant le 11 juillet 988, avec *Aimerudis*, d'origine auvergnate, qui lui donna une fille *Aldria* et cette seconde femme, après la mort de Borel, retourna en Auvergne. Ce nom d'*Aimerudis* et cette origine auvergnate font penser qu'elle était fille d'Etienne Ier comte de Gévaudan et d'Alix d'Anjou : en effet, Etienne Ier de Gévaudan était fils de Bertrand et d'*Emildis*. Ainsi revenue de Barcelone, il est à peu près certain qu'elle se remaria avec Roubaud comte de Provence, père d'*Emma*, laquelle épousera Guillaume de Toulouse fils de Raymond-Pons. Une charte de Cluny nomme, en effet, *Eimildis* (993-1002) la femme du comte Roubaud. En même temps, *Aldria* de Barcelone, qui avait dû suivre sa mère, a bien des chances d'être identique à la première femme du roi de Bourgogne Rodolphe III nommée *Eltrudis* († après le 6 juin 1009 et avant le 24 mars 1011).

Voilà des rapports assez probables entre Barcelone, d'une part, l'Auvergne et la Provence de l'autre, à la fin du Xe et au début du XIe siècle.

Cependant, Alix d'Anjou, la mère d'*Eimildis* de Gévaudan ainsi mariée à Barcelone puis à Arles, mourra en 1026 après s'être remariée elle aussi, en 986, avec Guillaume II marquis de Provence. De ce dernier mariage, elle eut la reine de France Constance († Melun, juillet 1032) et Guillaume IV de Provence. Or, la reine Constance est l'arrière-grand'mère du duc de Bourgogne Borel-Eudes : de plus ,le frère de la reine, Guillaume IV, ayant épousé Gerberge, fille du comte de Bourgogne Otte-Guillaume († 21 septembre 1026 ou 1027), il suit de là que le comte de Provence Guillaume IV († 1018), frère utérin d'*Eimildis* de Gévaudan, la veuve de Borel, est, en même temps, par sa femme Gerberge de Bourgogne, le grand-oncle par alliance du duc de Bourgogne Borel-Eudes.

Toute cette génération se trouvait morte quand naquit Borel-Eudes sauf son grand-père maternel peut-être Renaud Ier comte de Bourgogne († 4 septembre 1057) et, en tout cas, son grand-père paternel Robert Ier duc de Bourgogne († 21 mars 1076). En Provence le fils de Guillaume IV et de Gerberge de Bourgogne, Geoffroy Ier comte et marquis de Provence (1019-15 février 1060) est mort vers le moment où naissait Borel († av. février 1062). Évidemment, il n'est pas impossible que Sibille mère de Borel-Eudes lui ait donné, comme nom de naissance, à l'instigation de son cousin germain Geoffroy Ier de Provence ou de sa veuve Stéphanie-Douce (1040-1095), ce nom espagnol de Borel dont le souvenir était déjà lointain. Ce qu'il y a de sûr, c'est que les deux Maisons de Bourgogne, la comtale aussi bien que la ducale, vont bientôt, du temps de Borel-Eudes, avoir des rapports étroits avec l'Espagne : une tante de Borel-Eudes, Hildegarde, épouse, en 1068, Guillaume VIII duc de Guyenne, une autre de ses tantes, Constance, peu après 1080, veuve du comte de Chaunois Hugues II fils de Thibaud de Semur, va se remarier avec Alphonse VI le Vaillant, roi de Léon (1065) Ier roi de Castille et de Galice (1073) qui mourra à Tolède le 30 juin 1109. Par suite, Robert, frère

de Constance viendra à Léon où il sera le 5 août 1087 :
il ne fera qu'y passer avant d'aller se fixer en Sicile, mais
le frère de Borel-Eudes lui-même, Henri, appelé à son tour
en Espagne, y deviendra la tige de la Maison de Portugal,
tandis que son cousin germain, Raymond, fils du comte
Guillaume I⁰ʳ dé Bourgogne, y deviendra, de son côté, la
tige de la Maison de Castille. Il est probable que cette ex-
pansion bourguignonne en Espagne, de la fin du XI⁰ siècle,
aura été précédée trente ans plus tôt, lors de la naissance
de Borel-Eudes, d'une influence de Barcelone par la Provence, plus marquée en Bourgogne que les textes ne per-
mettent de le dire.

M. Ernest Petit fait remarquer que le duc Hugues III
(1102-1161), fils de Borel-Eudes reçoit, dans quelques
textes, notamment dans une notice de l'abbaye de Molême
(1104-1108) le surnom de Borel : c'est le nom de naissance de son père qui tend ainsi à devenir son surnom
patronymique, mais sans grand succès.

      10° Guigues-Raymond, comte de Lyonnais (1071 ?-
        1109 ?).

Fils de Guigues VII comte d'Albon et de sa seconde
femme Agnès épousée par lui le 10 mai 1070, Guigues-
Raymond a reçu de son père son nom de naissance et de
sa mère son surnom de baptême qui rappelle son père à
elle, Raymond Bérenger comte de Barcelone.

Ce cas est aussi clair que le précédent est obscur.

      11° Thibaud-Louis VI, roi de France (1081 † 1ᵉʳ
        août 1137).

Cet exemple offre beaucoup plus d'intérêt, à lui seul, que
tous les précédents : il consiste, en effet, à dire d'où vient
aux Capétiens le nom qui a fait la grandeur achevée de
leur dynastie, de saint Louis à Louis XIV. Louis VI
est le premier à le recevoir et, jusqu'à lui, aucun des princes de sa race, depuis le IX⁰ siècle, ne l'avait eu.

Que Thibaud, tout d'abord, soit le nom de naissance et

Louis le surnom de baptême, on n'en peut douter. Voici
le texte des Annales de Saint-Denis :

> De cujus nativitate rex gavisus, cùm ipsum sacro crismate
> delibutum precepisset, nominant Ludovicum.

Le roi Philippe Ier, né en 1052, avait épousé, en 1072,
Berthe fille de Florent Ier comte de Frise et de Hollande
(† Neer-Hemert, 18 juin 1061) et de Gertrude de Saxe.

On ne voit pas d'où peut provenir le nom de Thibaud
reçu par leur fils à sa naissance, si ce n'est de l'illustre
Maison des comtes de Blois et de Chartres : c'était alors
Thibaud III, comte de Blois et de Chartres depuis 1037,
devenu comte de Champagne en 1047, qui le portait précisément. Il mourra seulement en 1089 : c'est une marque
de faveur suprême, accordée à ce vieillard par le roi, que
de donner son nom au prince héritier naissant.

La seule possibilité qu'il y ait d'expliquer le surnom de
baptême Louis, inconnu chez les comtes de Hollande, résulte de ce fait que, peu après la mort de Florent Ier, sa
veuve Gertrude s'était, en 1063, remariée avec Robert Ier
le Frison, tuteur de ses enfants, qui, comte de Flandre en
1071, mourra le 13 octobre 1093. Gertrude, elle, ne mourra
qu'en 1113 : elle avait eu, de ce second lit, Robert II qui
mourra le 4 décembre 1111 après avoir épousé, lui-même,
Clémence, fille de Guillaume II comte de Bourgogne († 11
novembre 1087) et de Stéphanie de Vienne. Clémence
était la sœur de Guy qui, dès 1088, devint archevêque de
Vienne et qui devait occuper quoique indigne, la chaire
de saint Pierre sous le nom de Calixte II (2 février 1119
† 13 décembre 1124). Clémence avait également une sœur,
Ermentrude († après le 8 mars 1105), qui avait épousé
Thierry Ier comte de Montbéliard, Bar et Pont-à-Mous-
son, fondateur en 1074 de Sainte-Valburge en Alsace.

Thierry Ier comte de Montbéliard eut six fils et deux
filles de sa femme Ermentrude : l'aîné Louis, *Lodewicus*,
comte de Mousson, souscrit, le 21 mai 1096, la fondation
de l'abbaye de Pierremont : il part, cette même année,
pour la Terre Sainte et il paraît y être mort avant le

8 mars 1105, selon le témoignage d'une charte de Cluny, sans enfant. Thierry Ier († après 1102 et avant 1105) avait eu un frère nommé Louis comme son fils ainé et dont parle la même charte de 1105. Thierry Ier était lui-même, fils de Louis IV comte de Montbéliard et de Mousson (1033-1065) et de Sophie de Lorraine († 1093). Louis IV avait été fils de Louis III († 1027) et d'Alix : Louis III l'avait été de Louis II (1005), Louis II, de Frédéric et celui-ci de Louis Ier. La Maison des landgraves de Thuringe en Germanie et cette ligne des comtes de Mousson en Bourgogne sont les seules qui, au XIe siècle, aient porté le nom de Louis, d'une manière suivie.

C'est la reine Berthe ou, plus probablement, sa mère Gertrude, qui a donné au prince royal Thibaud-Louis ce surnom de baptème emprunté au nom héréditaire des comtes de Mousson ses alliés par l'intermédiaire des comtes de Bourgogne : pour cela, il suffit que le mariage de Robert II de Flandre, âgé de dix-huit ans, et de Clémence de Bourgogne ait eu lieu dès 1081.

Ce sera également par l'intermédiaire des comtes de Bourgogne que Louis VI recevra sa femme : car Alix de Savoie qu'il épousera était fille du comte de Savoie Humbert III († 18 septembre 1103) et de Gisèle de Bourgogne, sœur de Clémence comtesse de Flandre et d'Ermentrude comtesse de Mousson.

<blockquote>12° Flour-Louis VII, roi de France († 1120-18 septembre 1180).</blockquote>

Le roi Louis VI s'est marié, semble-t-il, le 3 août 1115, avec Alix de Savoie après avoir répudié Lucienne de Rochefort.

D'Alix, il eut d'abord Philippe, le 29 août 1116, puis, en 1120, un second fils Flour-Louis. Aucun texte immédiat n'indique, à vrai dire, quel fut le nom de naissance ou le surnom de baptème de cet enfant qui, fils puiné, n'était pas destiné à régner. Cependant, le nom de Flour ne peut venir que du côté paternel. En effet, le roi Philippe Ier, après avoir répudié Berthe de Hollande, avait épousé, en 1092, la femme du comte d'Anjou Foulques le Réchin à qui il l'avait enlevée et qui était Bertrade, fille de Simon Ier de Montfort : Bertrade avait donné au roi deux fils, Philippe et Flour qui vécurent tous deux. A la mort de Philippe Ier, le 29 juillet 1108, Bertrade entra comme religieuse à l'abbaye de Fontevrault où elle mourut, dit-on, vers 1117. Soit qu'elle ait vécu jusqu'en 1120, soit que son fils Flour en eût été la cause lui-même, il est certain, si singulier que cela puisse paraître, que le roi Louis VI donna ou laissa donner, à son fils puîné, comme nom de naissance, celui de son frère consanguin, considéré comme bâtard par l'Eglise entière. En somme, il lui donna le nom de Flour après avoir donné celui de Philippe à son premier-né et la suite de ces deux noms est tout simplement la répétition des noms donnés par son père, le roi Philippe Ier, aux deux enfants de Bertrade de Montfort. Cela montre que Louis VI, au contraire de l'épiscopat, n'était pas l'ennemi de sa marâtre.

Louis étant donc le surnom de baptême du prince nouveau-né, reste à en déterminer l'origine : à première vue, il semble tout naturel que ce surnom soit le propre surnom de son père tendant à devenir patronymique. Cependant, la liste déjà longue et unanime des exemples qui précèdent semble exiger que ce surnom soit venu du côté maternel, c'est-à-dire de la reine Alix, née princesse de Savoie. Qu'elle l'ait choisi homonyme de celui de son époux, c'est fort bien et très louable, mais elle a dû le prendre aussi, avant tout, dans ses souvenirs qui se rattachaient à son pays d'origine. Et, en effet, quelque temps auparavant, avait vécu vers les Alpes, Louis, sire de Faucigny dont la deuxième femme seule, Thiberge, est connue : de son premier lit étaient venus Guy évêque de Genève (1070 † 31 octobre 1120), Aymon Ier sire de Faucigny et Ite, femme du comte de Genevois Aymon II. De son second lit était issu Guillaume sire de Faucigny († avant 1119) mari d'Auxilie : ce dernier nom rappelle celui de la femme du comte de Savoie Humbert II († 1ᵉʳ juillet 1043-1050), de qui elle pouvait être la fille. En tout cas, quand bien même il n'y aurait pas eu d'alliance entre les princes de Savoie et les Faucigny, ceux-ci étaient leurs voisins.

Philippe, le fils aîné de Louis VI, étant mort le 13 octobre 1131, moins de trois ans après son couronnement du 14 avril 1129, ce fut son frère cadet Flour-Louis qui devint l'héritier du trône.

13° Adéodat-Philippe II Auguste, roi de France
(1165-14 juillet 1223).

De sa troisième femme Alix de Champagne, fille de Thibaud IV, qu'il épousa le 13 novembre 1160, un mois après la mort de la seconde, Constance de Castille, et qui mourra le 4 juin 1206, le roi Louis VII eut, à Gonesse, le samedi 21 août 1165, son fils unique.

Depuis son premier mariage avec Éléonore de Guyenne du mois d'août 1137, c'est-à-dire depuis trente ans, Louis VII n'avait eu que des filles, tandis que son père Louis VI, lui, avait eu sept fils. On conçoit sa joie. Il ne chercha donc pas, parmi les siens, le nom de naissance à donner au prince que Dieu lui envoyait enfin : il l'appela tout simplement *Adeodatus*. Parmi les Juifs de cette époque, les noms tirés d'une invocation divine analogue étaient assez fréquents, car, à côté du Bandit de Senlis, *Banditus de Silvanectis*, et du Judas de Montlhéry, *Judas de Monte Leherico*, vivaient au châtelet de Paris, Dieu le sauve d'Arques, *Diex le saut d'Arces* (?), Dieu le croisse de Pontaudemer, *Deus le croisse de Pontellomari*, Dieudonné de Verneuil, *Deodatus de Bernelie*, Dieudonné de Brai, *Deodatus de Braia* : à Mantes, de même, à côté de Belle assez, *Bele assez*, se trouvait Dieu le bénisse, *Diex le bencie* et Dieu l'aide, *Dex aie*. Assurément, c'est la première fois qu'un nom de ce genre se voit attribué à un prince de France : mais le roi se trouvait tenu de rendre publiquement à Dieu la grâce qu'il avait si longtemps attendue de lui.

Dès le lendemain de sa naissance, le dimanche **21** août, le prince fut porté à Paris et baptisé par l'évêque Maurice de Sully en la chapelle Saint-Michel sise sur la place voisine du palais. Le prince eut trois parrains : Hugues abbé de Saint-Germain-des-Prés, Henri abbé de Saint-Victor et Eudes ancien abbé de cette même abbaye. Il eut également trois marraines, Constance de France sœur unique du roi veuve, depuis 1153, d'Eustache comte de Boulogne, assistée de deux autres veuves et bonnes bourgeoises de Paris.

La première marraine du prince lui donne donc, à son baptême, le surnom de Philippe. On croirait que ce nom est choisi parce que les Capétiens le portent, à chaque génération, depuis le roi Philippe Ier : en effet, Philippe Ier a eu Philippe de Bertrade de Montfort, puis Louis VI, a eu Philippe d'Alix de Savoie. Cependant, il n'en est rien : c'est un cas identique à celui de Louis VII lui-même dont le nom parait être venu de Louis sire de Faucigny et non pas de son père Louis VI.

Cette fois-ci, les textes sont formels : le nom de Philippe, donné comme surnom de baptême au prince héritier Adéodat, est celui de Philippe d'Alsace. Ce comte deviendra un grand personnage puisqu'il sera régent de France à la mort de Louis VII le 18 septembre 1180. Pour le moment, il n'a pas encore cette importance et le choix de son nom a besoin d'être expliqué : en effet, il était alors un jeune homme, de vingt-cinq ans tout au plus, dont le père vivait encore.

Né vers 1142, il éatit fils de Thierry d'Alsace comte de Flandre († 1168) et de sa seconde femme Sibille d'Anjou : de Sibille. Thierry avait eu cinq fils et trois filles, Baudouin mort jeune, Philippe, Mathieu, Baudouin évêque de Therouannes, Gérard, Marguerite, Gertrude et Mahaud.

Philippe fut marié en 1156, dès l'âge de quatorze ans, avec Isabeau fille du comte de Valois, de Vermandois et d'Amiens Raoul Ier († 1152) : sa femme devait lui apporter les comtés d'Amiens et de Vermandois en 1167. Un an plus tard, il hérite le comté de Flandre de son père et prend ainsi l'importance qu'il n'avait pas encore en 1165 : c'est lui qui gouvernera la Flandre pendant les dix premières années du règne de Philippe Auguste et il mourra au siège d'Acre le 1er juin 1191.

Quatre ans après Philippe, son frère Mathieu, en 1160, fut marié à son tour, avec Marie († 1182) devenue comtesse de Mortain et de Boulogne après la mort successive de ses deux frères Eustache († 1153), mari depuis 1140 de Constance de France, et Guillaume († 1159). Eustache, Guillaume et Marie étaient les trois enfants d'Etienne de Champagne (né en 1104 † 25 octobre 1154), qui, devenu comte de Boulogne par son mariage avec Mahaud, fille d'Eustache comte de Boulogne, était devenu, au surplus, en 1135, duc de Normandie et roi d'Angleterre du chef de sa mère, Alix, par laquelle il était le petit-fils de Guillaume le Conquérant. Etienne de Champagne, roi d'Angleterre était le frère puîné de Thibaud IV le Grand (né vers 1090 † 8 janvier 1152), comte de Blois, Chartres et Brie en 1102, comte de Champagne en 1125, dont la fille Alix, précisément, le 13 novembre 1160, avait épousé le roi de France Louis VII devenu veuf. Ainsi, quand, le 22 août 1165, Constance de France a donné au prince héritier Adéodat le surnom de Philippe, elle ne lui a pas donné celui des trois Philippe de France, son frère, son oncle et son grand-père qui l'avaient déjà porté dans sa Maison. Elle lui a donné celui d'un jeune homme sans importance, Philippe d'Alsace, qui depuis cinq ans était le beau-frère de sa belle-sœur Marie comtesse de Boulogne. Si elle a fait ce choix, ce n'est d'ailleurs pas en raison de cette alliance qui la liait, elle marraine, à lui, c'est parce que la reine Alix, mère du nouveau-né et nièce du feu roi d'Angleterre, Etienne de Champagne, était elle-même l'alliée de ce jeune homme d'une manière plus directe: Philippe d'Alsace était le beau-frère de Marie, comtesse de Boulogne, cousine-germaine de la reine. C'est, en somme, la mère de l'enfant qui a désigné à la marraine le surnom de baptême qu'il fallait donner.

⁂

Les précisions qui précèdent établissent que les surnoms de baptême, du Xe au XIe siècle en France, prédominent généralement sur le nom de naissance en le faisant oublier, à moins que, porté par un cadet, celui-ci, obligé de régner par suite de la mort de son frère aîné, ne soit obligé de remplacer ce surnom de baptême par le nom coutumier de l'aîné de sa race.

Elles établissent, au surplus, que, si le nom de naissance est choisi, au moins pour l'aîné, par le père ou le grand-père paternel de l'enfant, le surnom de baptême se trouve, par contre, choisi par la mère ou la grand'mère maternelle de l'enfant dans les alentours plus ou moins rapprochés, plus ou moins éloignés, de leur parenté à elle, selon que les dirigeait leur cœur. Le grand-père ou la grand'mère paraissent, au surplus, avoir le pas sur le père ou la mère pour le choix de ce surnom. C'est le membre le plus âgé et le plus vénérable de la famille qui la domine au point de vue moral et dont la voix se fait écouter dans une circonstance solennelle pareille à l'événement du baptême.

Ceci se trouvant bien établi, du moment que le nom de Dauphin se présente, en 1110, comme le surnom de baptême de Guigues IX d'Albon, fils du comte Guigues VIII (né vers 1050 ?-21 décembre 1133) et de Mahaud, reine d'Angleterre (1070 ?-1142), il est désormais absolument certain que l'origine de ce nom singulier doit se rechercher, non pas dans le cadre grenoblois ou viennois de la Maison d'Albon, mais bien dans le cadre personnel, étranger à la France, où sa femme Mahaud était née et avait passé son adolescence. Ce sont les rives de la Tamise et non celles du Rhône qu'il faut sonder.

L'origine exacte de la comtesse d'Albon Mahaud n'a pas été fixée jusqu'ici. Ce problème ne paraît pas, cependant, bien difficile à résoudre, puisque le chercheur dispose de trois données positives :

1° son nom de Mahaud, *nomine Mahiot, nomine Maheldis.*

2° son titre de reine qu'elle tire, forcément, soit d'un mariage antérieur, soit de son père, *dominae reginae, uxoris domini Vuigonis comitis.*

3° son pays d'origine qui est l'Angleterre, *regina quae fuit de Angliâ.*

A ces trois données s'ajoutent celles de son âge :

4° elle paraît à Briançon, dès le mois de février 1101, *ante dominum nostrum comitem et ante reginam uxorem suam.* De même, en 1105, son époux y étant prématurément à l'article de la mort, on précise qu'elle est déjà mère de plusieurs enfants : *ego, Gigo comes, precibus Maieude regine... cùm jam essem in articulo mortis positus, dono... in remissione peccatorum meorum atque uxoris mee atque omnium filiorum nostrorum, tam vivorum quam defunctorum.* On a donc l'impression que Mahaud est déjà alors mariée depuis une dizaine d'années au moins. Son fils aîné *Guigo vetus,* souscrit un acte dès le 22 janvier 1105/6 : peut-être venait-il d'atteindre à ce moment l'âge de quatorze ans, ce qui reporterait le mariage de Mahaud vers l'année 1091. Cependant, le précédent montré par l'acte de 1079, où Guigues-Raymond, âgé de huit ans seulement, déclare autoriser un acte de son frère aîné Guigues VIII, montre que Guigues le Vieux en 1106 était peut-être un enfant de dix ans seulement et même moins.

5° Mahaud est encore vivante à la mort de son fils Guigues IX Dauphin, le 28 juin 1142. Elle paraît être morte avant que l'évêque du Puy Humbert son fils devienne archevêque de Vienne, le 17 octobre 1144, ce qui résulte d'une notice de Chalais : *regina Mathildis... donavit...*

Domnus Humbertus, tunc Aniciensis episcopus, posteà vero Viennensis archiepiscopus, donavit et laudavit... Guigo comes, filius Guigonis Delfini cum matre suâ donavit et laudavit.

Ainsi, la reine Mahaud, d'origine anglaise, était née au plus tôt vers 1050, ce qui lui donnerait 95 ans en 1145, au plus tard vers 1080, ce qui lui donnerait 15 ans vers 1095, au moment de son mariage. D'autre part, son époux, le comte Guigues VIII, d'après la marche des générations de sa race, avait dû naître vers 1045 au plus tôt et, certainement, avant le 10 mai 1070. En effet, sa mère Pétronille, déjà mariée le 27 avril 1050, mourut avant le 10 mai 1070, date à laquelle Guigues VII, veuf d'elle, se remarie avec Agnès de Barcelone. Guigues VIII meurt donc le 21 décembre 1133 âgé de 88 ans au plus et de 63 ans au moins.

Prenant un terme probable entre ces extrêmes, on conclut que Guigues VIII a dû naître vers 1055 ou 1060 et mourir, en 1133 à 73 ou 78 ans : Mahaud a dû naître, elle-même, vers 1065 ou plutôt vers 1070, se marier à 20 ans vers 1090 et mourir vers 1143 à 73 ans environ.

Voilà le problème posé.

***

De 1050 à 1150, pendant le siècle où a vécu la reine Mahaud, comtesse d'Albon, les manuels d'histoire énumèrent six Mahaud successives, femmes ou filles de rois d'Angleterre : c'est dire que les homonymes ne manquent pas.

1° Mahaud de Flandre, née en 1035, fille de Baudouin V comte de Flandre, qui épouse, en 1054, à Eu, Guillaume II duc de Normandie, né lui-même à Falaise le 14 octobre 1027. Le duc ayant conquis l'Angleterre à Hastings le 14 octobre 1066, est sacré roi à Westminster le 25 décembre 1066 : couronnée elle-même à Londres le 11 mai 1068, Mahaud meurt à Caen le 2 novembre 1083.

2° Mahaud d'Angleterre, fille de la précédente, entre

en religion et devient la première abbesse de la Sainte-Trinité de Caen fondée en 1059. Cette abbaye se trouve dédiée en 1066 et elle y meurt le 6 juillet 1113.

3° Mahaud d'Ecosse, fille de Malcolm III Canmore ou Grosse-Tête (1054) roi d'Ecosse, couronné à Scone le 25 avril 1057, mort le 13 novembre 1093 près d'Alnwick, et de sa seconde femme sainte Marguerite d'Angleterre, née en 1046 en Hongrie, morte le 16 novembre 1093, que Malcolm avait épousé en 1064 (?) après l'octave de Pâques (11 avril). Cette princesse épouse à Londres, le 11 novembre 1100, Henri Ier Beauclerc, roi d'Angleterre qui, né en 1068 et succédant à son frère Guillaume le Roux († New-Forest, 2 août 1100), venait d'être sacré à Westminster le 5 août. Cette reine Mahaud meurt à Westminster le 30 avril 1118 et son époux meurt lui-même le 1er décembre 1135 après s'être remarié avec Adèle de Louvain.

4° Mahaud d'Angleterre, fille de la précédente, née en 1102, qui, le 7 janvier 1114, épouse l'empereur Henri V († Utrecht, 23 mai 1125), puis, le 22 mai 1127, Geoffroy comte d'Anjou. Elle meurt à Rouen le 10 septembre 1167.

5° Mahaud d'Angleterre, également fille de Mahaud d'Ecosse et de Henri Ier Beauclerc qui épouse Rotrou II comte du Perche († avril 1144) et qui meurt en 1120.

6° Mahaud d'Angleterre, également fille des mêmes souverains, qui épouse Conan III le Gros duc de Bretagne (né en 1089 † 17 septembre 1148).

Evidemment, ce nom de Mahaud est le nom de prédilection de la dynastie normande : porté par la femme du Conquérant et, précédemment, par une grand'tante de celui-ci, il passe à une de ses filles et jusqu'à trois de ses petites-filles le reçoivent, ce qui est beaucoup pour une seule génération.

Telles sont les six reines d'Angleterre Mahaud qui gravitent autour de Guillaume le Conquérant et de Malcolm III roi d'Ecosse et comme, dans ces deux dynasties, il ne peut y en avoir davantage, il faut en trouver au moins une septième qui sera, forcément, de la dynastie saxonne détrônée par les Normands, à moins qu'elle ne sorte de la dynastie danoise.

*
**

En ce qui concerne la dynastie danoise, Sven Ier « à la barbe fourchue », fils de Harald II, né en 963, baptisé en 965, roi de Danemark en 991, s'empare de l'Angleterre en 1013, mais il meurt à Gainsborough le 3 février 1014, laissant pour lui succéder Cnut II le Grand, né vers 994 et baptisé vers l'an 1000. Celui-ci abandonnant le Danemark à son frère Harald III (1014-1018) aborde l'Angleterre : Edmond II, de la dynastie saxonne, lui livre une bataille indécise et, par suite, doit lui laisser la Mercie avec la Northumbrie. A la mort d'Edmond, Cnut s'empare de tout le royaume qu'il divise en quatre comtés : en 1027, il va passer les fêtes de Pâques à Rome où il rencontre, non sans profit, l'empereur et le roi de Bourgogne. En 1018, il hérite le Danemark, en 1028 il devient roi de Norwège, en 1031 il devient suzerain de l'Ecosse et il meurt à Shaftsbury le 12 novembre 1036, laissant trois fils et une fille Gunhilde qui, en 1035, épouse Henri III roi des Romains, obtient pour le Danemark de l'Empereur la marche de Schlesvig et meurt le 18 juillet 1038. Sven prend pour sa part le royaume de Norwège, Harthecnut († 8 juin 1042) le Danemark et la partie méridionale de l'Angleterre, Harold Ier le nord de l'Angleterre : celui-ci en 1038, s'empare du reste de l'Angleterre et meurt à Londres le 17 mars 1040.

Même s'ils avaient laissé des filles — et des filles nommées du nom de Mahaud, ce qui serait bien surprenant — les dates de la mort de ces deux derniers rois danois excluent la possibilité que la reine Mahaud recherchée puisse se rattacher à eux : elle est née forcément, on l'a dit, après 1040 et au plut tôt en 1050.

Il faut donc passer à la dynastie saxonne qui descend du roi Egbert († 839). Le successeur d'Egbert à la sixième génération, Aethelred II l'Indolent, né vers 966, fut marié deux fois, la première avec Aethelgifu ou, plus simplement Aelfgifu, *Elgiva*, la seconde fois, en 1002, avec Emma fille de Richard Ier duc de Normandie. Il mourut le 23 avril 1016, laissant, du premier lit, sept fils et trois filles : du second lit, deux fils et une fille. Ce sont Aethelstan, Ecgberht, Eadmund, Eadred, Eadwig, Eadgar, Eadward, pour les fils du premier lit, Wulfhild, Eadgyth, Aelfgifu, pour les filles du premier lit, Eadward, Aelfred, pour les fils du second lit, Godgifu, pour la fille du second lit. Cette énumération un peu longue est nécessaire pour montrer qu'à ce moment les Saxons ne subissent, malgré un mariage étranger, aucune influence étrangère pour désigner les noms de leurs enfants.

Le troisième fils du premier lit, Eadmund « Côte de fer » succède à son père, mais il succombe au bout de sept mois le 30 novembre 1016, laissant le champ libre au Danois Cnut qui, pour plus de sûreté, épouse la veuve d'Aethelred l'Indolent, c'est-à-dire la Normande Emma. Elle se trouvait décorée par les Saxons, du beau nom d'Aelfgifu et elle mourra fort tard le 6 mars 1052 à Winchester, ayant passé comme un bouchon de liège sur tous ces flots furieux et opposés : après avoir eu des enfants saxons, elle eut des enfants danois. Elle en eût eu de n'importe qui ; l'essentiel était d'en avoir encore pour survivre aux vaincus. A la race nouvelle s'adaptait donc sa vie de femme, mais, en somme, cette Normande préférait les Saxons aux Danois, puisqu'elle favorise son fils Eadward et le fait rappeler finalement par le roi Danois lui-même. Ce devait être une femme de tête et les gens de sa race savaient mener leur barque.

Ainsi, après les règnes de Cnut, de Harthecnut et de Harold Ier, les Saxons reprennent le dessus. Les sept fils

5o

du premier lit d'Aethelred l'Indolent ayant disparu dans la tourmente, c'est l'aîné du second lit Eadward, né en 1004, qui s'élève : sa sœur Godgifu sera envoyée comme femme à Drogon comte de Mantes, puis à Eustache comte de Boulogne. Les Saxons, avec ce nouveau souverain fils d'une Normande, s'appuient sur la Normandie contre le Danemark. C'est, d'ailleurs, de Normandie, où il avait été exilé en 1017 par Cnut, qu'Edouard revient, en 1037, une première fois. La situation n'étant pas encore mûre, sa mère l'y fait retourner en 1038 : il revient définitivement en 1041. Proclamé roi en 1042, il est couronné le 3 avril 1043. En 1044, il épouse Eadgyth, fille du comte de Kent Godwin (1037 † 7 avril 1054). Née vers 1025, Eadgyth sera répudiée, puis reprise au cours du règne d'Edouard le Confesseur : elle mourra le 19 décembre 1075.

*
**

Victorieux, en 1017, le roi danois Cnut mettant à mort Eadwig, le frère puîné du roi saxon Edmond, s'était borné à exiler le jeune Edouard, fils cadet d'Aethelred l'Indolent en Normandie pays de sa mère Emma : il avait jugé plus dangereux les enfants d'Edmond Côte de Fer successeurs directs du trône saxon. En effet, le roi Edmond Côte de fer, né vers 990, fils aîné d'Aethelred l'Indolent avait, en mourant, le 30 novembre 1016, laissé deux fils Eadmund, né vers 1010 et Eadward né vers 1012. Cnut aurait pu faire tuer ces innocents, mais il était Chrétien — et Chrétien de fraîche date — : n'osant pas commettre lui-même ce meurtre politique qui aurait consolidé sa vic‧ toire, mais qui eût fait scandale, il envoya les enfants du roi Edmond au « roi de Souabe » pour les mettre à mort : il ne tuait lui-même que les adultes. On devra voir s'écouler quelques siècles encore avant qu'il ne devienne scandaleux de tuer les adultes désarmés eux aussi. La victoire leur appliquera donc finalement la méthode que le roi Cnut se voyait contraint d'employer déjà pour les enfants gênants : les îles de Sainte-Hélène et de Madère en ont tiré toute leur célébrité, de nos jours.

Voici les textes relatifs à l'exil des deux petits princes saxons.

La chronique anglo-saxonne de Worcester en Mercie qui s'arrête en 1079, dit, en 1057 seulement :

> MLVII. Her com Eadward ætheling to Englalande... Thisne ætheling Cnut cyng haefde forsend on Ungerland to beswicane, ac he thaer getheh to godan men, swa him God uthe, him well gebyrede, swa th he begeat thaes caseres maga to wife, bi thaere faegerne hearnteam gestrynde. Seo waes Agathes gehaten.

Florence, moine de Worcester, qui écrit en 1117, dit :

> Dedit etiam consilium Edricus ut clitunculos Eadwardum et Eadmundum regis Eadmundi filios necaret. Sed, quia magnum dedecus sibi videbatur ut in Angliâ perimerentur, parvo elapso tempore, ad regem Suanorum occidendos misit qui, licet foedus esset inter eos, precibus illius nullatenùs voluit acquiescere, sed illos ad regem Ungariorum Salomonem nomine misit nutriendos vitaeque reservandos : quorum unus, scilicet Eadmundus, processu temporis ibidem vitam finivit. Eadwardus vero Agatham filiam germani imperatoris in matrimonium accepit, ex quâ Margaretham Scottorum reginam et Christinam sanctimonialem virginem et clitonem Eadgarum suscepit.

Guillaume, moine de Malmesbury en Wessex, qui écrit ses *Gesta regum* vers 1125, dit (lib. II, § 180) :[*]

> Filii ejus Edwius et Edwardus, missi ad regem Swevorum ut perimerentur, sed miseratione ejus conservati, Hunorum regem petierunt ubi, dùm benigne aliquo tempore habiti essent, major diem obiit, minor Agatham reginae sororem in matrimonium accepit. Fratres ex Emmâ Elfredus et Edwardus, toto tempore quo Cnuto vixit, in Normanniâ tutas fovere latebras.

Les lois du roi Edouard le Confesseur dont le texte a

été compilé en Warwickshire par un clerc de naissance française entre 1130 et 1135, disent (§ XXXV) :

> Iste supradictus Edmundus habuit filium quendam qui vocatus est Aedwardus qui, mortuo patre, timore aufugit de istâ terrâ usque ad terram Rugorum quam nos vocamus Russeiam, quem rex ipsius terre Malesclodus nomine, ut audivit et intellexit quis esset et unde esset, honestè eum retinuit et ipse Edwardus accepit ibi uxorem nobili genere, de quâ ortus est ei Aedgarus Etheling et Margareta regina Scocie et Christiana soror ejus, cui Christiane rex Edwardus dedit terram quam habuit postea Radulphus de Limeseiâ, propter quem misit rex Edwardus avunculus ejus et fecit eum ad se venire. Ipse autem et uxor ejus non multo tempore vixerunt post adventum eorum : Edgarum filium eorum secum retinuit et nutrivit pro filio. Quia vero heredem putabat eum facere, nominavit eum Aetheling.
>
> . . . .
>
> Pex ,autem Edwardus, quia cognovit nequiciam gentis sue et, maximè, filiorum Godwini, scilicet Haraldi, Tosti, Gurthi, Leofwini, comperiit quod non posset esse stabile vel firmum de Aedgaro et adoptavit Willelmum ducem Normannorum, filium Roberti avunculi sui qui, postea, auxiliante Deo, conquisivit rectum suum, bello contra supradictum Haraldum.

Au sujet du surnom d'Edgar Aetheling, voici l'explication qu'en donne le moine Guillaume de Malmesbury :

> Nepos Faramundi fuit Meroveus, a quo omnes post eum reges Merovingi vocati sunt. Eodem modo et filii regum Anglorum a patribus patronymica sumpserunt; ut filius Edgari Edgaring, filius Edmundi Edmunding vocentur et ceteri in hunc modum : communiter vero Athelingi dicuntur. Naturalis ergo lingua Francorum communicat cum Anglis, quod de Germaniâ gentes ambae germinaverunt [37].

Ordéric Vital, né dans le Shropshire en 1075, moine à Saint-Evroul en Normandie, qui compile son Histoire vers 1141, dit :

> Eduardi regis Hunorum, qui fuit filius Edmundi cognomento Irnesidae fratris Eduardi regis Anglorum et exsul, conjugem accepit cum regno filiam Salomonis regis Hunorum.

La *Genealogia Regum* attribuée à Aelred, abbé de Rievaulx, en Yorkshire (1128-1153) : [*]

> At puerulos filios Edmundi ferire metuens, ad regem Sua-
> vorum eos interficiendos transmisit. Rex vero Suavo-
> rum, nobilium puerorum miseratus aerumnam, ad Hun-
> garorum regem eos destinat nutriendos, quos ipse beni-
> gnè excepit, benigniùs fovit, benignissimè sibi in filios
> adoptavit. Porro Edmundo filiam suam dedit uxorem,
> Edwardo filiam germani sui Henrici imperatoris in
> matrimonium junxit. Sed, paulo post, Edmundus de
> temporalibus ad aeterna transfertur, Edwardus sospitate
> et prosperitate fruitur.

La *Cronica canonicorum Beate Marie Huntingdonensis*
(834-1290) [*], en Huntingdonshire :

> A[nno] m° septimo decimo. Occisus est rex Angl[orum]
> Edmundus Ferreum latus insidiis perfidi ducis Edrici
> Et [Canutus] regnum ejus invadens filios Edmundi
> scilicet Edmundum et Edwardum ad regem Suevorum
> occidendos misit. Qui nolens innocentes perimere [eos
> ad] regem Hungarie Salomonem nutriendos misit./
> M° [q]uadragesimo ii. Iste Ed[wa]rdus ge[n]u[i]t
> [Ma]rgaretam regi[n]am [Scottorum et E]dg[ar]um.
> [E]dga[rus genu]it [Marga]retam. De quà natus est
> Henricus dictus Lupellus.

Cette chronique est tardive mais l'archidiacre de cette
église, Henri de Huntingdon, a écrit une *Historia Anglorum* vers 1154 et on voit évidemment ici paraître un ren-
seignement précieux qui s'était conservé dans cette con-
trée où se trouvait l'abbaye de Ramsey.

La teneur générale de toutes ces chroniques ne varie
pas, en dehors des divergences de détail qui les dis-
tinguent.

Cnut veut se débarrasser des deux enfants d'Edmond :
n'osant pas les tuer, ce qui eût fait scandale, il les envoie
au roi des « *Swavi, Swevi, Suavi, Suevi* » qui lui rendra
bien ce service de les faire mettre à mort. Celui-ci, pris de
pitié, d'autant plus aisément que ces innocents ne le gê-
naient pas, mais ne voulant pas, cependant, prendre la res-
ponsabilité de garder ces condamnés de son allié, les

adresse au roi des « *Huni, Hungari, Hungarie* », non plus pour les tuer mais pour les élever au loin.

D'Angleterre, les enfants d'Edmond ont donc été exilés en Hongrie, mais ce roi généreux des *Swavi* auquel ils doivent la vie, quel est-il ?

A l'origine des temps, les *Suebi* occupaient, sur la mer Baltique, le pays qui s'étend entre l'Elbe et l'Oder : mais, au XI siècle, le duché de Souabe, c'est uniquement le bassin supérieur du Rhin et du Danube.

Le royaume de Germanie et en même temps l'Empire ont appartenu, tout d'abord, à la Maison qui détenait les duchés de Saxe et de Bavière : elle s'est éteinte avec saint Henri II le Boîteux, né le 6 mai 973, duc de Bavière en 995, roi de Germanie le 6 juin 1002, empereur le 14 février 1014, mort à Grone le 13 juillet 1024.

Le royaume de Germanie et l'Empire ont appartenu ensuite à la Maison qui détenait les duchés de Franconie et de Souabe : son accession s'est faite par le règne de Conrad II le Salique, duc de Franconie en 989, roi de Germanie le 8 septembre 1024, roi d'Italie en 1026, empereur le 26 mars 1027, roi de Bourgogne le 2 février 1033, mort à Utrecht le 4 juin 1039 : dès 1016, il avait épousé sa parente au onzième degré, Gisèle, duchesse de Souabe, héritière en 1012 du duc Hermann III son frère, veuve d'Ernest Ier († 31 mai 1015), mère d'Ernest II († 18 août 1030) et de Hermann IV († 1038).

Ainsi, en 1017, le royaume de Germanie n'appartenait pas encore à la Maison de Franconie-Souabe : mais Conrad II qui, sept ans plus tard, en ceindra la couronne, est déjà, depuis un an, l'époux de la duchesse de Souabe. Etant donné le flottement des chroniques anglaises, écrites plus ou moins tard, on pourrait croire que Cnut a expédié les enfants d'Edmond, soit à Henri II qui régnait encore sur la Germanie, soit à Conrad II qui allait y régner. Moralement, cela ne se peut : le roi du Nord n'avait pas avant la paix qu'il conclut en 1025 et avant le mariage de sa fille Gunhilde en 1035, dix ans plus tard, avec la Maison de Saxe-Bavière ou avec la Maison de Franconie-Souabe, des relations personnelles assez étroites soit pour oser se fier à elles en leur remettant des otages précieux, soit pour oser leur demander de les faire disparaître.

C'est donc à tort que les éditeurs des textes britanniques ci-dessus cités les ont publiés en adoptant les formes *Swavi, Swevi, Suavi, Suevi :* il faut restituer *Swani, Suani, Sueni.*

En 1017, le Danemark appartenait à Harald III (1014-1018), frère de Cnut. En Norwège, c'était Olaf II le Saint qui régnait alors : né vers 995 et roi depuis 1016, il avait épousé Astrid fille du roi de Suède Olaf III. C'était cet Olaf III Skoetkonung qui régnait sur la Suède. Fils d'Erik VI le Victorieux (964 † 993), il était né vers 984 de sa troisième femme Audur, fille de Haakon II le Mauvais roi de Norwège (962 † 995). Roi d'Upsal dès 994, il dominait toute la Suède depuis 1001 : baptisé à Husaby (Vestrogothie) en 1008, il mourra le 29 juillet 1030. Marié avec Edla de Mecklembourg, puis avec Estrid, fille du prince des Slaves Obotrites Mieczyslav, on ne voit pas, tout d'abord, quel lien le rapprochait du roi d'Angleterre Cnut, mais Sigrid l'Impérieuse, fille du Suédois Skoglar-Toste, qui en 978 avait épousé son père, le roi de Suède Erik VI le Victorieux, et que celui-ci avait répudiée pour se remarier avec Audur, s'était remariée elle-même avec Sven Ier roi de Danemark déjà père de Cnut. Belle-mère, à la fois du roi d'Angleterre Cnut et du roi de Suède Olaf III, elle pouvait servir d'intermédiaire entre Londres et Upsal.

On voit donc comment le roi d'Angleterre Cnut a pu avoir l'idée d'envoyer les enfants d'Edmund au roi de Suède Olaf III. Il reste à montrer pourquoi celui-ci, pris de pitié, les a transmis au sud-est plutôt qu'ailleurs.

Au sud de la Baltique, c'était la Pologne, pays slave de culture occidentale, qui séparait les côtes orientales de Suède du royaume continental de Hongrie soumis également à des influences occidentales. En effet, depuis 995, le duché de Pologne proprement dite, dont la capitale était Gnezen, avait conquis la Poméranie au nord, dont les côtes s'étendent entre l'Oder et la Vistule, et il dominait également au sud la *Chrobatia* de Cracovie. Or, en 1017, c'est Boleslav Ier qui est duc de Pologne. Né en 967, fils de Mieczyslav Ier et de sa première femme Dambrowka de Bohême, il avait succédé à son père en 992 et il en était alors, en 1017, sans doute à sa troisième femme Gunhilde, fille de Dobromir : fait remarquable, Boleslav Ier est, précisément, l'oncle du roi d'Angleterre Cnut et du roi de Danemark Harald II. En effet, c'est Gunhilde, fille de Mieczyslav Ier et sœur de Boleslav Ier, qui avait été la première femme de Sven Ier à la Barbe Fourchue (né en 963, roi de Danemark en 985, roi d'Angleterre en 1013, mort en 1014) et la mère de ces deux souverains. "

Le roi de Suède Olaf III, au lieu de tuer Eadmund et Eadward, a donc pris le parti de les transmettre au duc de Pologne Boleslav Ier, oncle du roi d'Angleterre Cnut. On voit que la tradition recueillie en Angleterre par le compilateur des lois d'Edouard le Confesseur (1130-1135), un siècle après l'événement, repose sur une réalité. Seulement, la Pologne devient pour lui la Russie et le duc Boleslav se transforme en *Malesclodus* : l'initiale seule de ce nom a changé d'une manière erronée, ses trois syllabes demeurent fort reconnaissables. Cette nouvelle initiale fautive, c'est celle du nom de Mieczyslav père de Boleslav qui remplace, à tort, celle du nom de celui-ci.

Le duc de Pologne était bien l'oncle du roi d'Angleterre, mais sa sœur Gunhilde avait eu à souffrir de la conduite à son égard de Sven Barbe Fourchue et il est, par suite probable que Boleslav devait être plutôt porté à prendre le contre-pied des désirs aussi bien que des intérêts actuels de son neveu. Il devait être bien aise de lui jouer un bon tour et d'avoir en main une arme éventuelle contre lui. Puisque Cnut désirait voir mourir les deux jeunes princes saxons et qu'il avait eu la faiblesse de ne pas les tuer, le duc de Pologne devait, par suite, leur faire un bon accueil. La bouche des hommes peut parler plusieurs langues : en tous, le cœur bat de même. Cet état d'esprit est précisément celui que réfléteront, au XIIe siècle, les textes britanniques sans que leurs auteurs soient, semble-t-il, en mesure de s'expliquer quels mobiles animaient Boleslav :

> ut audivit et intellexit quis esset et unde esset, honesté
> eum retinuit.

Le brave homme ! et voilà comment, quelquefois, la haine amène l'amour.

Le duc Boleslav Ier se déclare roi en 1025 et meurt tout aussitôt le 17 juin". A cette époque, les deux jeunes princes Eadmund et Eadward peuvent avoir environ quinze et douze ans : ils n'étaient pas encore d'âge à être mariés.

Boleslav laissait au moins trois filles : l'une d'elles devint l'abbesse d'un monastère, c'était la part du Seigneur. La seconde se maria à l'ouest, en Germanie, avec le comte Hermann. La troisième se maria, à l'est, en Russie, avec l'un des fils du grand duc de Russie Wladimir. Par là, Dieu se trouvait satisfait et, au point de vue politique, la balance était en équilibre, car la Pologne a toujours dû ménager ses deux grands voisins si dissemblables, le Slave byzantin et le Teuton. C'est ainsi que lui-même, Boleslav, a pris successivement cinq femmes où se réflètent, l'une après l'autre, les influences qui le touchent, dès qu'elles se font impérieuses ou, en tout cas, plus utiles. Il prend, d'abord, une Allemande, fille du marquis de Misnie Riedag, puis une Hongroise, Judith fille du duc de Hongrie Geysa, puis Gunhilde fille de Dobremir, puis encore, en 1018, une Allemande, Oda fille d'Ekkehard nouveau margrave de Misnie et, finalement, Predslava, fille du grand duc de Russie Wladimir le Grand (973-1015) dont l'autre fille Premislava épouse Ladislas le Chauve prince de Hongrie. Les filles étaient une monnaie d'échange de valeur toujours sûre et bien reçue dont le vent dominant, selon qu'il soufflait du nord, du sud, de l'est ou de l'ouest,

dirigeait la voile et le bonheur vers les quatre points car-
dinaux de l'horizon, au détriment de celles qui les y avaient
déjà précédées.

De sa quatrième femme Oda, naît à Boleslav une fille
qui, fait à noter, reçoit le nom de Mahaud et qui, en 1035,
épousera Otton de Schweinfurt fils du marquis Henri et
de Gerberge [42].

*
* *

Parmi ces alliances, ce sont celles de la Hongrie avec la
Pologne qui attirent maintenant l'attention : en effet, les
textes britanniques qui ont gardé la trace de ces événements indiquent presque tous que, finalement, Eadmund et
Eadward trouvèrent asile auprès du roi de Hongrie.

Un mariage s'était produit précisément entre la Pologne
et la Hongrie qui permet de comprendre pourquoi les deux
princes anglo-saxons, au lieu de rester à Gnezen à la mort
du roi de Pologne Boleslav Ier (17 juin 1025), vinrent
alors en Hongrie.

Le duc de Hongrie Geiza (972 † 997) avait épousé, tout
d'abord, en 968, Sarolta, fille de Gyula de Transylvanie,
dont il eut Waic né en 969, Judith née en 970, Sarolta née
en 971. Sa femme Sarolta étant morte en 971, Geiza se
remaria, en 973, avec Adelaïde, fille de Ziemosmysles Ier
(913 † 964) duc de Pologne et sœur du duc Mieczyslav Ier
(964-992), dont il eut Gisèle.

Treize ans plus tard, en 986, le duc de Pologne Boleslav
Ier, né en 967, fils de Mieczyslav Ier, épouse Judith fille de
Geiza et de Sarolta [**] : il est vrai qu'il la répudia, dit-on,
mais il n'en est pas moins vrai qu'il était, ainsi, devenu le
beau-frère de Waic.

Le 26 décembre 996, Waic se fait baptiser pour épouser
Gisèle, la sœur du duc de Bavière Henri II né le 6 mai
973, qui deviendra roi de Germanie le 6 juin 1002, empereur le 14 février 1014 et mourra à Grone le 13 juillet
1024. Baptisé sous le surnom d'Etienne et succédant à son

père Geiza en 997, il établit des sièges épiscopaux en Hongrie " : en récompense de son zèle, le pape auvergnat Silvestre II (avril 999 † 12 mai 1003) lui envoie une couronne royale en l'an mil et Etienne se trouve sacré le premier roi de Hongrie. Il mourra à Bude le 15 août 1038. La reine Gisèle meurt, elle-même, le 7 mai 1045 (?).

Les textes britanniques prétendront que les deux princes saxons ont été accueillis en Hongrie par le roi Salomon : c'est une erreur. Le roi Salomon, fils du roi André Ier († 1060), est né en 1051 : couronné en 1058, il a régné seulement de 1064 à 1075, puis il s'est retiré comme moine en Istrie près de Pola, où il est mort le 28 septembre 1086. Ainsi c'est *Stephanum* qu'il faut restituer dans ces textes au lieu de *Salomonem* : cette fois-ci, au contraire de ce qui s'est passé pour le nom de Boleslav, c'est le corps du nom royal étranger qui a été maltraité par les historiens anglais : la consonne initiale et la syllabe finale sont demeurées.

Etienne et Gisèle eurent deux fils, Otton mort en bas âge et Henri ou Imre, né en 1007, qui, en 1026, épouse une fille de Krezimir III (1014-1035) roi de Croatie. Elle meurt dès 1030 sans lui donner d'enfants et, lui-même, duc de la Russie rouge, meurt le 2 septembre 1031, avant son père.

On ne sait pas exactement combien Etienne et Gisèle eurent de filles : le docteur Wertner leur en attribue deux qu'il ne nomme pas. Un auteur du XVIIIe siècle, Charles-François Palma ", d'après Daniel Cornides, leur en attribue trois, dont une, Agathe, aurait été la femme du prince anglo-saxon Eadward. En réalité, d'après les textes britanniques, cette princesse hongroise, fille d'Etienne et de Gisèle, fut donnée en mariage, non pas au prince Eadward, mais à son frère aîné Eadmund et c'est ce qu'admet Wertner qui, sans la nommer, cite son mari le prince anglo-saxon *Oedoen*. Ce mariage a dû se réaliser vers 1032 et, d'après les sources anglaises, Eadmund mourut en Hongrie avant de pouvoir regagner l'Angleterre, ne laissant de sa femme qu'une fille dont le nom est inconnu. Cette fille ne peut être la reine Mahaud qui deviendra comtesse d'Albon et, cela, pour deux raisons : tout d'abord, parce que son père, le prince Edmond, n'a jamais porté le titre de roi et, ensuite, parce que sa naissance remonte trop haut : la fille d'Edmond et d'Agathe en effet, a dû naître vers 1035, tandis que Mahaud est née après 1045.

Les auteurs hongrois, Cornides et Palma, font erreur en donnant à la femme du prince Edmond le nom d'Agathe : en réalité, c'est la femme de son frère cadet Eadward qui, d'après les sources anglaises, a porté ce nom.

Les textes anglais invitent à dire que le frère cadet d'Edmond, c'est-à-dire Edouard, a été marié à son tour, avec une fille du frère de l'empereur. Si, comme on est tenté de le croire, ce mariage s'est arrangé par les soins de la reine Gisèle, il s'agirait d'une nièce de l'empereur Henri II († 13 juillet 1024) et l'union aurait été conclue après la mort de celui-ci.

L'empereur Henri II a eu deux frères Brunon évêque d'Augsbourg (28 octobre 1007 † 24 avril 1029) et Arnoul archevêque de Ravenne (1014 † 1018) : il a eu également deux sœurs, Gisèle, la reine de Hongrie, et Béatrix ou Brigitte, abbesse à Ratisbonne [46]. La vie de cet évêque d'Augsbourg le montre généralement opposé à son frère aîné l'empereur et, par contre, en relations d'affection étroite avec sa sœur la reine de Hongrie Gisèle.

En 1003, dans sa jeunesse, séduit par les ennemis de l'empereur, il se révolte contre lui [47] : il prend donc le parti de Boleslav qui envahit Prague, de Hezelon et d'Ernest. L'année suivante, après s'être réfugié auprès de sa sœur Gisèle en Hongrie, il obtient son pardon de l'empereur sur l'intercession de celle-ci.

En 1025, après la mort de Henri II, c'est Brunon qui fait élire Conrad II le Salique : il promet à sa sœur, la reine Gisèle, de lui léguer tout ce qu'il possède et de le lui donner à titre héréditaire, ce qui aurait réduit à rien l'évêché d'Augsbourg, mais un songe, où le défunt empereur Henri II son frère lui apparaît opportunément, l'empêche de réaliser ce projet [48]. De là il résulte que son amitié pour sa sœur a dominé toute sa vie et, évidemment, ce projet d'héritage en faveur du fils de la reine de Hongrie au détriment d'un évêché germanique montre, tout au moins, que Brunon n'avait pas, lui-même, de fils : mais, quoiqu'il fût évêque d'Augsbourg, il pouvait fort bien, étant données les mœurs de son temps, avoir des filles.

Le concile de Pavie, sous Benoît VIII, en 1018, avait bien décrété : *ut nullus in clero mulierem attingat... ut episcopus nullam feminam habeat neque cum aliquâ habitet,* mais ce premier effort de réforme monacale était resté vain : le souffle impératif et puissant de Grégoire VII était encore à venir.

Après avoir été en guerre avec la Hongrie, l'Empire conclut la paix en 1031 avec le roi Etienne [49]. C'est donc dans ces dernières années de son règne (1031-1038) que la reine Gisèle a dû conclure le mariage du prince Eadward réfugié auprès d'elle avec Agathe fille de son frère l'évêque Brunon d'Augsbourg. En plaçant cette union vers l'année 1035, on ne doit pas s'éloigner beaucoup de la réalité : cette année-là, l'Empire s'allie avec le roi d'Angleterre, de Danemark et de Suède en lui donnant la marche de l'Eider et en lui demandant sa fille Gunhilde.

De ce mariage sont issus trois enfants : Eadgar Aetheling, *Margareta* et *Christina.* Selon la chronique des chanoines de Notre-Dame de Huntingdon, Marguerite serait l'aînée d'Eadgar et elle serait née en 1042. Eadward aurait donc eu, tout d'abord, probablement des enfants morts en bas âge et dont le nom ne s'est pas conservé.

Son fils garde un nom anglo-saxon, mais ses filles Marguerite et Christine reçoivent des noms nouveaux absolument étrangers à sa dynastie. Ces noms proviennent forcément du milieu germanique de leur mère Agathe.

C'étaient les deux marches germaniques d'Autriche et
de Carinthie qui bordaient le royaume de Hongrie.

A la fin du Xe et au début du XIe siècles, le duché de
Carinthie appartenait à la Maison de Franconie qui accé-
dera à l'Empire avec Conrad II en 1024. Le grand-père
de Conrad, en effet, Otton, fils du duc de Lorraine Conrad
(† 955), épouse Judith et meurt duc de Carinthie, duc
d'Istrie, comte de Vérone en 1004. Ce duc Otton, de sa
femme Judith, laisse quatre fils : Conrad, duc de Carinthie
et d'Istrie († 12 décembre 1011), Brunon qui devient le
pape Grégoire V († 18 février 999), Guillaume évêque de
Strasbourg († 1046) et Henri qui sera le père de Conrad
II le Salique. Conrad duc de Carinthie et d'Istrie épouse
Mahaud fille de Hermann II de Souabe : il en a deux fils,
Conrad et Brunon évêque de Wurzbourg († 1045), mais le
duché de Carinthie est enlevé à son fils pour être donné à
Adalbéron, fils du marquis de Styrie Markward comte de
Mürzthal, qui avait épousé Béatrix fille du duc de Souabe
Hermann II (997 † 3 mai 1003). De Béatrix, le duc de
Carinthie et d'Istrie Adalbéron a deux fils Markward
d'Eppenstein († mai 1077), Adalbéron évêque de Bamberg
(† 1060) et Richense, femme de Berthold Ier duc de Zaeh-
ringen [*]. Le duc Adalbéron se trouve à son tour déposé et
exilé avec ses fils par le plaid impérial de Bamberg au mois
de mai 1035 et, à Augsbourg le 2 février 1036, le duché de
Carinthie-Istrie revient au fils de son ancien possesseur
Conrad († 12 décembre 1011), c'est-à-dire à Conrad le
jeune qui avait l'avantage d'être, par son père, le cousin-
germain de l'empereur actuel : il mourra le 20 juillet
1039. Quand on énumère ainsi les membres respectifs de
ces deux maisons rivales qui se sont succédé depuis 1004
jusqu'en 1039, on observe que les noms de la Maison de
Franconie Otton et Conrad n'offrent pas d'intérêt en ce
qui concerne les recherches actuelles : il n'en est pas de

même pour les noms fournis par la famille d'Adalbéron ou par d'autres familles de cette région.

Depuis longtemps, les Bollandistes ont publié la vie de sainte Agathe comtesse palatine de Carinthie, qui aurait fondé à Stein, sur la rive droite du Gurk, affluent de la Drave au sud de Klagenfurt, une église dédiée à sainte Marguerite et qui serait morte le 5 février 1024 [11]. De fait, le culte de sainte Marguerite est particulièrement répandu en Carinthie, en Styrie et en Carniole beaucoup plus que dans tous les autres pays de langue germanique. Deux localités de Sankt-Margarethen se trouvent en Carinthie proprement dite, l'une sur la Drave, au cercle de Ferlach, l'autre dans le val de Lavant au cercle de Wolfsberg. Deux autres sont en Styrie, l'une au sud de Cilli dans le cercle de Tueffer, l'autre au sud de Graz dans le cercle de Wildon. Une cinquième est en Carniole au sud de la Save sur la rive gauche du Gurk, au nord-est de Rudolfswerth. Chose singulière, la seule localité notable qui porte le nom de Sankt-Agatha se trouve dans le Salzkammergut, sur les bords de la Traun, sous le site célèbre de Hallstatt, aux limites du duché médiéval de Bavière vers le duché de Carinthie.

Le marquis Markward existait en Styrie dès 970 [12] : sans méconnaître l'existence ancienne du nom de Marguerite, puisque l'église mérovingienne de Crussol en face de Valence sur le Rhône, a livré la dalle funéraire d'une femme BONE MEMORIA MARGARITA qui vécut en paix soixante-quinze ans, et qui mourut le 1er juillet 646 ou 691 sous Clovis II ou sous Clovis III [13], il y a lieu de se demander si le nom féminin de Marguerite, dans cette partie du bassin du Danube où il paraît plus fréquent qu'ailleurs, ne serait pas une forme dérivée de ce nom germanique de Markward porté par le père d'Adalbéron en Styrie.

Outre la vie de sainte Agathe et son église Sankt-Margarethen, on connaît, à la même époque, l'histoire de *Dignamenta* ou *Margareta*, femme de Thierry et mère d'*Amulrada* tuée à Arneburg, sur la rive gauche de l'Elbe, au nord de Stendal en Saxe, vers 1040 ".

Si Béatrix ou Brigitte, fille cadette du duc de Souabe Hermann II (997 † 3 mai 1003), avait épousé Adalbéron qui devint duc de Carinthie (1011-1035), sa fille aînée, Gisèle, une fois veuve du comte de Brunswick Brunon, avait épousé elle-même Ernest Ier (né vers 970 † 31 mai 1015) à qui elle porta le duché de Souabe avant d'épouser finalement en troisièmes noces (1016), Conrad le Salique, le futur empereur successeur de Henri II. Cet Ernest Ier était frère d'Adalbert marquis d'Autriche (1018 † 26 mai 1056), de Poppon né en 979, prévôt de Bamberg, puis archevêque de Trèves (1er janvier 1016 † 16 juin 1047), de Christine († Trèves, 3 novembre 1047) et de la femme de Pierre roi de Hongrie. Ces cinq personnages, comme Henri Ier le Victorieux, marquis d'Autriche, leur frère aîné (994-23 juin 1018), étaient fils de Liutpold Ier l'Illustre, marquis d'Autriche (976 † Wurtzbourg, 10 juillet 994) et de Richilde.

Ce qui frappe, c'est tout d'abord, de trouver ce nom de Christine dans la maison des marquis d'Autriche et celui de Marguerite en rapport avec celle des marquis de Styrie. Ce qui frappe davantage encore est de retrouver, dans ce groupe de princes germaniques voisins de la Hongrie, le duc de Souabe Hermann II († 3 mai 1003) et son gendre Ernest I[r] d'Autriche († 31 mai 1015), les révoltés de 1003 qui entraînèrent l'évêque d'Augsbourg Brunon. Cet ensemble d'indices permet de penser que Brunon a dû, s'il a pris femme, s'allier avec la maison des marquis d'Autriche ou avec celle de Styrie-Carinthie et, ainsi, par sa fille Agathe, les noms de Marguerite, de Christine noms danubiens, auront passé dans la Maison royale anglo-saxonne. La femme, plus ou moins avouée, de l'évêque d'Augsbourg Brunon est, sans doute, cette Christine d'Autriche qui, après sa mort (1029), se retira dans une abbaye de Trèves et y mourra en 1047.

Après la mort du roi saint Etienne († 15 août 1038)

sans héritier mâle, comme il avait eu trois sœurs, Judith, femme du duc de Pologne Boleslav, Sarolta, femme de Samuel Aba, et Gisèle, femme du doge de Venise Pierre Otton (1007 †, Constantinople, 1032) chassé en 1026, ce fut le fils de cette dernière, Pierre, qui fut choisi comme roi de Hongrie, probablement parce qu'il s'appuyait sur l'Allemagne. Il épousa une sœur d'Adalbert marquis d'Autriche et Adalbert, de son côté, épousa Frowila († Melk, 19 décembre 1059) sœur de Pierre. L'alliance était donc complète.

Dès 1041, les Hongrois, mécontents de voir régner sur eux la Germanie, se révoltent contre leur roi Pierre qui, d'ailleurs, se conduisait mal, parait-il, envers la veuve de saint Etienne son prédécesseur. Chassé, Pierre est remplacé par Aba, mari de Sarolta : mais, trois ans plus tard, en 1044, la Germanie replace Pierre sur le trône : Aba, fait prisonnier, est aveuglé et mis à mort. Cette restauration ne dure pas : en 1046, Pierre se trouve aveuglé à son tour et remplacé par un prince hongrois qui, fils de Ladislav († 1031) était, au cinquième degré, le plus proche agnat de saint Etienne : il est le roi André Ier (1046-1060).

Quand la veuve de saint Etienne, la reine Gisèle, maltraitée par le roi Pierre, a quitté la Hongrie pour achever sa vie comme abbesse de Niederburg († mai 1045), il est probable que le prince anglo-saxon Eadward, sans attendre la catastrophe de 1046, l'aura suivie. Il aura quitté la Hongrie pour les pays germaniques où la famille de sa femme pouvait l'accueillir : son frère aîné, Eadmund, était déjà mort.

C'est en effet à l'empereur que le roi d'Angleterre Edouard s'adresse en 1054, et non pas au roi de Hongrie pour l'amener à regagner l'Angleterre.

***

Voici les textes qui concernent ce retour demandé par
le roi Edouard le Confesseur.

Tout d'abord, Florence de Worcester :

> Anno MLIV...... rex Edwardus misit Aldredum Wigor-
> niensem episcopum ad imperatorem ut, per eum, reci-
> peret fratruelem suum Edwardum qui in Ungariâ exu-
> laverat [55].

Puis, Guillaume de Malmesbury, vers 1125 (§ 228 et
238).

> Rex Edwardus pronus in senium quod ipse non susceperat
> liberos et Godwini videret invalescere filios, misit ad
> regem Hunorum ut filium fratris Edmundi Edwardum
> cum omni familiâ suâ mitteret : futurum ut aut ille aut
> filii sui succedant regno hereditario Angliae, orbitatem
> suam cognatorum suffragio sustentari debere. Ita venit
> Edwardus, sed continuo apud Sanctum Paulum Londo-
> niae fato functus est tribus liberis superstitibus, vir
> neque promptus manu neque probus ingenio. Edgaro qui,
> post occisionem Haroldi, a quibusdam in regem electus
> et vario lusu fortunae rotatus penè decrepitum diem
> ignobilis ruri agit, Christinâ quae sanctimoniali habitu
> apud Rumesiam consenuit, Margaretâ quam Malcolmus
> rex Scottorum legitimo matrimonio duxit. Haec, nume-
> rosâ prole foecunda, habuit filios Edgarum et Alexan-
> drum qui post patrem regnaverunt in Scotiâ succes-
> sione continuâ, nam senior Edwardus in bello cum patre
> occubuit : junior, David, mansuetudine et sapientiâ
> celebris, rex Scotiae modo habetur. Filias, Matildem
> quam nostro saeculo rex Henricus, Mariam, quam Eus-
> tachius junior comes Bononiae, uxores duxerunt. Rex
> itaque, defuncto cognato, quia spes prioris erat soluta
> suffragii, Willelmo comiti Normanniae successionem
> Angliae dedit [56].
>
> Rex Edwardus fato functus fuerat : Anglia, dubio favore,
> nutabat cui se rectori committeret incerta an Haroldo,
> an Willelmo, an Edgaro : nom et illum pro genere pro-
> ximum regno proceribus rex commendaverat, tacito
> scilicet mentis judicio, sed prono in clementiam
> animo [56].

Enfin, Aelred de Rievaulx :

> Edwardus... dirigit nuntios ad Romanum imperatorem, rogans ut nepotem suum, scilicet filium fratris sui Edmundi Ferreilatus, regni futurum heredem mittere dignaretur. Imperator autem regis nuncios gratanter excipiens, non parvo tempore, summo cum honore detinuit. Tandem, paratis navibus et omnibus quae navigaturis necessaria videbantur allatis, Edwardum cum uxore suâ Agathâ, germani sui filiâ, liberisque ejus Edgaro Edeling, Margaritâ atque Christinâ, cum magnâ gloriâ et divitiis, sicut rex petierat, ad Angliam mittit. Qui... in Angliam veniens... post paucos dies vitâ discedens.... Nec multo post, ipse rex... in vigiliâ Epiphaniae... morte vitam... terminavit,... quo tumulato.... quidam Edgarum Edeling cui regnum hereditario jure debebatur, regem constituere moliuntur. Sed, quia puer tanto honore minùs dignus videbatur, Haroldus comes... regnum obtinuit [58].

Donc, le roi Edouard le Confesseur, voyant l'âge avancer et n'ayant pas d'enfants de la reine dont la famille gagnait ainsi le premier rang, envoie l'évêque de Worcester Aldred à l'empereur Henri III (1039 † 1056)) pour le prier de faire revenir auprès de lui son cousin-germain Edouard, fils du roi Edmond côte de Fer, avec toute sa famille : cette décision du roi Edouard a dû suivre immédiatement la mort de son beau-père Godwin († 14 avril 1053) qui ne l'aurait pas tolérée. Précisément, l'empereur, descendant le Rhin et venant de Zurich, célèbre Pâques à Mayence le 3 avril, puis, se dirigeant vers l'est, va passer la Pentecôte à Quedlinbourg le 22 mai, il a dû recevoir l'ambassade britannique avant de quitter le Rhin et y amener avec lui les princes saxons quand il est revenu de l'est à Aix-la-Chapelle afin d'y faire couronner roi, le 17 juillet son fils Henri IV : il les aura fait passer en Angleterre quand, prenant à partie Baudouin comte de Flandre sur l'Escaut, il s'avance victorieux jusqu'à Tournai. Le fils d'Edmond rentre donc ainsi en Angleterre : mais peu après son arrivée, il meurt à Londres et y est inhumé à Saint-Paul, laissant, de sa femme Agathe, son fils Edgard Aetheling ainsi que deux filles,

Marguerite et Christine. En disant que la princesse Agathe, femme d'Edgard, était la fille du frère de l'empereur Henri III régnant en 1054, les textes britaniques du XIIᵉ siècle commettent une confusion : elle était, en réalité,, fille du frère de l'empereur Henri II mort trente ans plus tôt. Quant aux enfants d'Agathe, si Marguerite était née en 1042, Edgard Aetheling a pu naître à son tour, vers 1050 : il n'était donc plus un enfant, *puer,* quand Edouard le Confesseur mourut le 5 janvier 1066, mais il avait une quinzaine d'années. La mort de son père, Edouard, vers 1055, peu après son retour, paraît avoir amené Edouard le Confesseur à penser que ce jeune homme ne pourrait pas lutter contre l'ambition de Harold, le frère de la reine. De là, la désignation de Guillaume duc de Normandie comme héritier du trône. En effet, quoique Godwin fût mort, ses fils Harold, Leofwin, Gyrth et Wulfnoth, les beaux-frères du roi, dominaient toute l'Angleterre.

Ainsi, à la mort d'Edouard le Confesseur, quoique le prince Edgar fût son héritier naturel et qu'une partie de l'Angleterre le désirât, ce fut cependant le beau-frère du Confesseur, le tout puissant Harold, qui fut ceint de la couronne, malgré les promesses faites, d'autre part, au duc de Normandie par le souverain défunt et par Harold lui-même.

*
* *

Le triomphe de l'usurpateur Harold fut court. Le duc de Normandie, par une offensive diplomatique rapide, obtient l'appui décidé du pape qui, suivant le droit alors en vigueur, peut disposer de la souveraineté des îles de l'occident à sa guise, de l'Irlande et de la Grande Bretagne aussi bien que de la Sicile, de la Sardaigne ou de la Corse. Rome donne donc l'Angleterre au Normand qui, bon apôtre, se déclare son vassal et c'est une véritable croisade qui s'organise contre Harold. Après quatre mois d'attente nécessitée, malgré tout, par le manque d'un vent favorable, la ténacité du duc de Normandie peut se dire enfin favorisée du ciel. Son armée, dont la cavalerie et les archers formaient la force, débarque sur la côte anglaise le 28 septembre et, le 14 octobre, force du premier coup la victoire — une victoire décisive — sur la colline de Senlac, près de Hastings, où l'infanterie lourde anglo-saxonne était venue l'attendre derrière de puissantes palissades. Harold avec ses deux frères Leofwin, Gyrth, perdent la vie dans ce désastre : quant au troisième Wulfnoth, fait prisonnier, il ne sera relaché qu'en 1087. Harold était marié avec Ealdgyth : il en a eu quatre fils, Godwine, Edmond, Magnus et Harold. Harold, de sa maitresse Edith Swan-neck a eu encore deux filles, Gunhild et Gytha. Celle-ci a épousé Vladimir, prince de Novgorod, né en 1019, frère de la reine de France Anne, fils de Iaroslav Ier († 1054) et d'Ingigerthr fille, elle-même, du roi de Suède Olaf III.

A la nouvelle du désastre de Senlac, une assemblée des grands du royaume se tient à Londres : cette fois-ci, c'est le prince anglo-saxon Edgar Aetheling, favorisé par l'archevêque d'York, Aldred, qui se trouve élu roi d'Angleterre, contre les prétentions d'Eadwine et de Morkere de Northumberland. Mais l'épiscopat n'ignorait pas la décision prise par le pape : le Conquérant portait une bannière qui lui venait de Rome et un anneau précieux qui contenait, parait-il, un cheveu de saint Pierre. La victoire rendait tout cela irrésistible. L'archevêque de Cantorbery, Stigand, évita donc de sacrer le roi élu. L'Angleterre ne pouvait plus se refuser à son vainqueur, l'heureux fils d'Arlette. Le conquérant rencontra donc promptement, à Berkhampstead, le roi Edgar à la tête d'une députation qui venait se soumettre à sa loi.

On connait, à cet égard, le témoignage de la chronique anglo-saxonne de Winchester, vers 1070 [59].

A ce texte anglo-saxon répond le témoignage du normand Guillaume de Poitiers, dans ses *Gesta Willelmi*, vers 1087.

Et finalement, celui de Florence de Worcester, vers
1117.

Guillaume triomphant reçut gracieusement le prince
anglo-saxon, lui donna le baiser de paix et, de suite, entra
dans Londres dont toutes les portes étaient remplies du
flot de ceux qui venaient saluer leur maitre, il fut sacré
près du tombeau d'Edouard le Confesseur, à Westminster
le jour de Noël par l'archevêque d'York, celui de Cantorbery ne lui paraissant pas être le légitime possesseur de
son siège primatial. Les destins de l'Angleterre se trou-
vaient fixés d'une chaine solide.

Revenant presque aussitôt en Normandie, Guillaume le
Conquérant y mène avec lui quelques otages, l'archevêque de Cantorbery Stigand, les deux comtes Edwine et
Morkere, le comte Waltheof et, surtout Edgar Aetheling
qu'il dote de biens fonciers considérables dans le Hertfordshire :

> Anno M.LXVII., rex Willelmus Normanniam rediit, du-
> cens secum Dorobernensem archiepiscopum Stigandum,
> clitonem Adgarum, comites Edwinum et Morkarum et
> Walteum et mutos alios de nobilioribus Anglie : rediens
> vero, Anglis inportabile tributum imposuit.

Guillaume de Poitiers ajoute :

> Athelinum, quem post Heraldi ruinam Angli regem sta-
> tuere conati fuerant, amplis terris ditavit atque in caris-
> simis habuit eum quia regis Edwardi genus contigerat,
> ad hoc ne puerilis aetas nimiùm doleret non habere
> honorem ad quem electus fuerat.

Cependant, dès cette année, sous prétexte qu'il n'était
pas traité assez convenablement, Edgar s'échappe avec sa
mère, sa sœur Christine, les deux frères Edwine et Morkere de Northumberland, ainsi que Waltheof. Sans doute
n'était-il pas encore marié, car la chronique anglo-saxonne
ne mentionne pas sa femme. La tempête pousse son vais-
seau sur les côtes de l'Ecosse. Le roi Malcolm III l'y ac-
cueille, car il était devenu son beau-frère. Aussitôt ⁰⁰.
Edgar se joint aux insurgés d'York avec le roi Malcolm, les
comtes Morkere et Waltheof. Le nord du royaume d'An-

gleterre se soulève en sa faveur ; mais, l'affaire manquant, il retourne en Ecosse avec Gospatric. En 1069, il se joint aux Danois qui appuient une nouvelle tentative sur York et cet effort manque encore.

On sait que le roi Malcolm III s'était marié tout d'abord avec Ingibjörg, veuve du comte d'Orkney Thorfinn († vers 1062) dont il avait un fils Duncau qui sera roi en 1095 († 1096 ou 1097). Guillaume de Malmesbury témoigne qu'il s'était remarié avec Marguerite, la sœur ainée d'Edgar : *pro antiquâ memoria nobilitatis* et ce chroniqueur place cette seconde union en 1070 seulement.

> Anno MLXX, rex Malcolmus Angliam usque Cliveland vastavit et, tunc clitoni Edgaro et sororibus Margarete et Christine, ubi eas invenit regem Anglie fugientes, ut in Scotiam irent apud Weremundam in reditu pacem suam donavit et Margaretam postea sibi in matrimonium junxit.

C'est une erreur de date : l'hommage fait à York le 5 juin 1065, au roi d'Angleterre Edouard le confesseur, par Malcolm, en son nom et au nom d'Edouard, le fils ainé issu de son second lit, prouve avec évidence que, dès 1063 au plus tard la sœur d'Edgar Marguerite née en 1042, avait été unie à Malcolm. De là, l'appui que celui-ci prête à Edgar fugitif en 1067.

Voici les termes de l'acte du 5 juin 1065, où assiste Edgar :

> Malcolmus, Dei graciâ rex Scotiæ et insularum adjacentium, omnibus Xpistianis ad quos presentes littere pervenerint, salutem, tam Danis et Anglis quam Scotis. Sciatis nos et Edwardum primogenitum filium nostrum et heredem comitem de Carrik et de Rothesay recognovisse nos tenere totum regnum nostrum Scotiæ et insulas adjacentes de excellentissimo domino nostro Edwardo, filio Ethelredi nuper regis Anglie superiore domino regni Scotiæ et insularum adjacentium per homagium ligium et fidelitatem prout antecessores et predecessores nostri ....
> quare ex jure directo, nos devenimus homines vestros. o domine noster serenissime Edwarde fili Ethelredi, rex Anglie et superior domine Scotiæ et insularum adjacentium, durante vitâ nostrâ, contra omnes homines ....

> Apud Eboracum, quinto die junii, anno regni nostri
> nono, in parliamento predicti domini superioris nostri
> ibidem tento, ex consensu et consilio Margarete consor-
> tis nostre, filie Edwardi filii Edmundi Ferreilateris,
> Edgari Ethelynge fratris ejusdem consortis nostre et
> quamplurium magnatum aliorum regni nostri predicti.

Guillaume le Conquérant vit la nécessité d'écraser ce
nid d'opposants : il réunit une armée et vint ravager tout
le Northumberland d'une manière exemplaire. De plus, se
tournant contre le roi d'Ecosse, il l'oblige à devenir son
vassal à Abernethy en 1072 aussi bien qu'il l'avait été de
son prédécesseur Edouard le Confesseur depuis l'hommage qu'il avait prêté à celui-ci le 5 juin 1065 à York.

> Anno MLXXII, Willelmus Scotiam intravit, cui occurrens
> rex Malcolmus in loco qui dicitur Abernithi homo suus
> devenit.

Obligé par là de quitter la Grande-Bretagne, Edgar se
rend en Flandre, puis en France où le roi Philippe, opposé
au duc de Normandie, lui offre Montreuil comme refuge.
Mais loin de sa patrie, Edgar se sentait malheureux : dès
l'année suivante, en 1073, il se détermine à conclure la
paix avec le Conquérant. Celui-ci ne la lui refuse pas et
lui donne en pension une livre d'argent par jour pour
vivre en Normandie, il lui rend ses biens du Hertfordshire, que mentionne le Domesday book.

> Anno MLXXIII, dito Edgarus cum rege Willelmo paci-
> ficatus est.

La chronique anglo-saxonne de Worcester n'oublie pas
cet évènement sous la date de 1075.

Guillaume de Malmesbury, dans ses *Gesta regum*
(§ 251), ajoute :

> Edgarus...... cùm.... nihil ad praesens commodi, nihil
> ad futurum spei praeter cotidianam stipem nactus esset,
> Normanni liberalitatem experiri pergens, ad eum tunc
> ultra mare degentem navigavit. Quod regi gratissimum
> fuisse ferunt ut incentore bellorum Anglia vacaret :
> nam et ultro solitus erat quoscunque Anglos suspectos
> habebat, quasi honoris causâ, Normanniam ducere ne

> quicquam, se absente, in regno turbarent. Receptus ergo
> Edgarus et magno donativo donatus est. Pluribusque
> annis in curiâ manens, pedetemptim pro ignaviâ et, ut
> mitiùs dictum sit, pro simplicitate contemptui haberi
> coepit. Quantula enim simplicitas ut libram argenti,
> quam cotidie in stipendio accipiebat, regi pro uno equo
> perdonaret !

Les Normands se mirent à mépriser un prince assez
simple pour vouloir payer un beau cheval qui le tentait du
prix de trois cent soixante cinq livres d'argent : on pouvait traiter de belles affaires aux dépens d'un tel fou. En
1086, Edgar s'éloigne de nouveau parce que le roi ne le
traite plus avec assez d'honneur : Guillaume lui donne
deux cents chevaliers pour se rendre en Pouille et sa sœur
Christine prend le voile dans le monastère de Rumsey,
abbaye de religieuses bénédictines fondée dans le Hamp-
shire qu'il ne faut pas confondre avec Ramsey l'abbaye
également bénédictine fondée en 969 dans le Huntingdonshire.

La chronique anglo-saxonne de Peterborough dit : "

> Anno MLXXXV Cristina, clitonis soror, intravit monas-
> terium de Rumesiâ et suscepit sanctimonialis vestem.

Les Annales de Winchester (519-1277) fixent ainsi le
sort de Christine :

> MLXXXVI...... Cristina, virgo Deo devota, regis filia,
> sanctimonialis facta est apud Rumesiam.

Les Annales de Waverley aussi tardives, de même :

> MLXXXVI..... Edgar Atheling, cognatus Edwardi regis,
> recessit a rege, quia non erat cum eo honorificè, sed
> Deus omnipotens det illi honorem et Christiana soror
> Edgari facta est sanctimonialis apud Rumescia.

La chronique d'Ecosse qu'il faut toujours citer pour les
rapports de l'Ecosse avec l'Angleterre, quoique son compilateur, Jean de Fordun chantre de la cathédrale d'Aber-
deen, n'ait vécu qu'au XIVᵉ siècle, dit :

> Anno MLXXXVI..... clito Aedgarus cum CC. militibus,
> mare transiens, Apuliam adiit, cujus soror Christiana

> monasterium Rumescia intravit et sanctimonialem habi-
> tum suscepit.

Edgar cherchait les aventures qui pouvaient lui faire oublier quelque temps l'amertume de son sort, mais il ne les prolongeait pas : l'Angleterre l'attirait toujours plus que tout. Il ne tarde donc pas à revenir en Normandie où il se lie d'amitié avec Robert Courte-Heuse, le fils toujours mécontent de Guillaume le Conquérant alors retiré à la cour du roi de France. Sur ces entrefaites, Guillaume le Conquérant meurt le 7 septembre 1087 et Robert Courte-Heuse obtient, pour sa part d'héritage, le duché de Normandie, mais il prétend devenir roi au détriment de son frère Guillaume le Roux.

En 1091, Robert Courte-Heuse s'opposant à Guillaume le Roux, Edgar, se rend en Ecosse et, avec le roi Malcolm, envahit le Northumberland afin d'appuyer Robert :
La chronique anglo-saxonne précise ces événements.

La paix s'arrange entre les deux frères, le roi d'Ecosse et Edgar.

Vers cette époque, un don de trois églises fait par Guillaume évêque de Durham, en présence de Thomas archevêque d'York et de trois autres évêques, se trouve souscrit par le roi Guillaume le Roux, ses frères Robert duc de Normandie, Henri Beauclerc, Duncan fils du roi Malcolm, Hugues comte de Chester, Robert comte de Northumberland et Edgar : « signum Eadgari Clitonis ».

Celui-ci retourne en Normandie avec Courte-Heuse, avant la fin de l'année. Accusé ensuite de complot contre le roi par un chevalier nommé Ordgar, Edgar trouve un autre chevalier Godwine de Winchester, qui prouve son innocence par un duel judiciaire. Son beau-frère, le roi d'Ecosse Malcolm ayant été tué le 13 novembre 1093 avec son fils aîné du second lit Edouard et la reine Marguerite sœur d'Edgar étant morte elle-même trois ou quatre jours plus tard à Edimbourg, ce fut d'abord Donald frère de Malcolm qui lui succéda : mais, se montrant contraire aux Normands, il fut détrôné dix-huit mois plus tard et remplacé par Duncan, le fils du premier lit de Malcolm lequel prête hommage au roi d'Angleterre en 1095. Cependant, deux ans plus tard, en 1097, le roi d'Angleterre veut le faire disparaître et le remplacer par son frère consanguin Edgar, fils de Malcolm et de Marguerite, neveu, par conséquent d'Edgar Aetheling. C'est celui-ci en personne qui est chargé de cette opération.

La chronique anglo-saxonne le dit.

La chronique d'Ecosse, de même :

> Anno MXCXII, rex Willelmus clitonem Edgarum in Scotiam cum exercitu misit ut expulso Duvenaldo, Edgarum filium Malcolmi regis regem constitueret : quod et fecit.

Pendant ce temps-là, le pape Urbain II avait mis en marche la croisade. Aussitôt le duc de Normandie Robert Courte-Heuse avait engagé au roi son frère son duché pour 10.000 marcs d'argent afin de se procurer les ressources nécessaires à cette expédition. Il part en octobre 1096 par la Bourgogne, les Alpes, Lucques, Rome et la Pouille. Son hiver se passe ainsi en Italie. Le 9 avril 1097, il s'embarque à Brindisi, arrive à Durazzo le 9, rejoint Bohémond en Macédoine, passe par Constantinople et trouve, en juin 1097, devant Nicée les Provençaux et les Lorrains qui y étaient déjà arrivés depuis un mois. Après la prise de Nicée (19 juin), il figure à la bataille de Dorylée (1er juillet) et au siège d'Antioche (22 octobre 1097-3 juin 1098) par les Croisés.

Edgar ne pouvait manquer, une fois l'affaire d'Ecosse terminée, de venir prendre part, le plus tôt possible, à la Croisade. En effet, pendant que les Croisés, maîtres d'Antioche y étaient eux-mêmes, à leur tour, assiégés par les Turcs (8-28 juin 1098) une flotte anglaise, commandée par Edgar et soldée par l'empereur de Constantinople Alexis 1er Comnène, paraît sur la côte de Syrie devant Laodicée qu'elle se fait remettre par Guynemer de Boulogne et, faisant le va-et-vient de Laodicée à Tortose, opère le ravitàillement de l'armée, notamment pendant le siège d'Irkah (14 février-13 mai 1099).

Le duc de Normandie prend part au siège et à la prise de Jérusalem (7 juin-15 juillet 1099), fait accepter à Godefroy de Bouillon, élu avoué du Saint-Sépulcre, son chapelain, le sceptique et débauché Arnoul, comme patriarche de Jérusalem, puis figure à la bataille d'Ascalon (12 août 1099) qui fait perdre définitivement la Palestine au khalife du Caire : il achète comme trophée l'étendard du vizir El Afdhal vaincu dans cette journée. Le pape n'ayant pas ratifié la désignation d'Arnoul comme patriarche, le duc de Normandie quitte la Palestine par la Syrie et Laodicée, prend congé de l'empereur Alexis, gagne l'Italie où il se marie et se procure de l'argent pour dégager son duché. Il rentre en Normandie au mois de septembre 1100 et assurément son ami Edgar avec lui. Le roi Guillaume le Roux venait de mourir le 2 août : après diverses alternatives de guerre et de paix avec le nouveau roi d'Angleterre, son frère cadet Henri Ier, fluctuations qu'Edgar dut suivre fidèlement, le duc de Normandie Robert Courte-Heuse livre une bataille finale au roi Henri Ier à Tinchebray le 28 septembre 1106. Ce fut un désastre : fait prisonnier et conduit en Angleterre il passera plus de vingt ans dans son cachot († Cardiff, 7 février 1134). Fait prisonnier comme lui à Tinchebray, Edgar fut remis en liberté, car il était moins dangereux : il vieillit dans le Hertfordshire obscurément. Encore vivant au moment où écrivait Guillaume de Malmesbury, vers 1127, il meurt sans doute peu après, âgé de soixante-quinze ans environ.

Voici ce qu'en dit finalement Guillaume de Malmesbury :

> Subsequenti tempore cum Roberto filio Godwini, milite audacissimo, Jerosolimam pertendit... Edgarus, amisso milite, regressus multaque beneficia ab imperatoribus Graecorum et Alamannorum adeptus, quippequi etiam cum retinere pro generis amplitudine temptassent, omnia pro natalis soli desiderio sprevit : quosdam enim pro-

> fecto fallit amor patriæ, ut nihil eis videatur jocundum nisi consuetum hauserint coelum. Unde, ut superius dixi, diverso fortunae ludicro rotatus, nunc remotus et tacitus, canos suos in agro consumit.

Quant à Ordéric Vital, vers 1141, voici son récit de la croisade, dans son livre X :

> Laodiciam.... Illùc enim fere XX millia peregrinorum applicuerant qui de Angliâ et aliis insulis Oceanis ad sepulchrum Domini properaverant ea tempestate quâ gentiles Antiochiam obsidebant et in urbe christianos coercebant. Laodiceni autem insulanos christicolas gratanter susceperunt eorumque tuitioni sese contra Turcos commiserunt. Inter illos Edgarus adelingus praecipuus erat quem Angli quondam, post mortem Haraldi, regem sibi frustrà praefecerant. Ipse profecto urbem tuendam suscepit et Rodberti ducis fidelitati servavit eique post trophaeum de Paganis delegavit. Hic, corpore speciosus, linguâ disertus, liberalis et generosus, utpote Eduardi regis Hunorum filius, sed dexterà segnis erat, ducemque sibi coaevum et quasi collactaneum fratrem diligebat. Rodbertus itaque dux Laodiciam Syriae adeptus est ibique eum Normannis et Anglis atque Britonibus aliquandiù commoratus est, custodes etiam suos in munitionibus constituit quando peregrinationem suam ad monumentum domini Jesu Christi peregit [2].

Au sujet de l'étendard d'El Afdhal, Ordéric Vital précise dans son livre IX :

> Rodbertus dux Normannorum emit stantarum ab his qui ab admiraviso sauciato retinuerunt viginti marcis argenti et intulit illud in sepulcrum Domini ad monimentum memorandi triumphi. Alter emit ensem ejusdem admiravisi LX byzanteis.

D'après Wace, qui écrit vers 1159, cet étendard, rapporté en Normandie par Robert Courte-Heuse, aurait été déposé par lui dans l'église de la Sainte-Trinité de Caen : ce qu'il y a de sûr, c'est que cette relique insigne se trouve maintenant dans le trésor de l'église d'Apt. Sans doute, Robert Courte-Heuse a dû finalement la donner à son ami Edgar.

Telle est en résumé, la vie longue et agitée du dernier

78

prince anglo-saxon qui ait pu porter le titre de roi. Ce prince qui donnait tout pour acquérir une belle bête et qui ne pouvait vivre loin des brouillards de la Tamise eût assurément été digne d'occuper le trône britannique, car il était un bon Anglais.

*
* *

Que le roi Edgar ait été marié, la chronique de Huntingdon le prouve sans indiquer quelle fut son alliance : il a dû prendre femme vers l'époque où il a marié sa sœur Marguerite († 16 novembre 1093) avec le roi d'Ecosse Malcolm III († près d'Alnwick, 13 novembre 1093). Le mariage de Marguerite a eu lieu avant le 5 juin 1063 : celui d'Edgar peut se placer vers 1070 au plus tard.

Les deux sœurs d'Edgar passent pour avoir été de saintes femmes. L'aînée, en effet, Marguerite, a été canonisée en 1251 et se trouve honorée le 10 juin. La seconde, Christine, comme on l'a dit, est entrée en 1085 comme religieuse au monastère de Rumsey et précédemment, à Wilton, elle était rigide pour son entourage.

De sa femme, le roi Edgar a eu plusieurs enfants : d'abord, selon la chronique de Huntington, une fille, Marguerite, qui devint la mère de Henri Lovel. On croit pouvoir identifier ce Lovel.

Ordéric Vital raconte comment, en 1089, Ascelin Goel livre le château d'Ivry (Eure) au duc de Normandie Robert Courte-Heuse. Cet Ascelin était le fils d'un chevalier nommé Robert qui, seigneur de Bréval (Seine-et-Oise), avait, en 1066, accompagné le Conquérant et à qui celui-ci, en récompense, avait donné dans le comté de Somerset, les terres de Kary et de Harpetre : Robert était venu finir sa vie comme moine au Bec en Normandie où il était mort avant 1083. Il serait possible que ce Robert ait été le frère cadet de Hoel, comte de Cornouailles, qui, ayant épousé Havoise fille d'Alain V duc de Bretagne (1008 † 1er octobre 1040), succéda au fils de celui-ci Conan II

(1040 † 11 septembre 1066) mort sans enfant comme duc de Bretagne et régna dix-huit ans († 13 avril 1084) : le surnom d'Ascelin « Goel » seigneur d'Ivry en 1089, s'expliquerait parfaitement s'il était le propre neveu, par son père, du duc « Hoel ». Devenu l'ami du duc Robert Courte-Heuse en 1089, Ascelin Goel devait l'être également d'Edgar : on lui donna le sobriquet de Loup, *Lupus*, et il mourut après 1119 laissant de sa femme Isabeau de Breteuil, sept fils et une fille. L'aîné Robert mourut en 1121 sans enfants. Du troisième Jean, possesseur du manoir de Harpetre en Somerset descendent les Gournay. Le second, Guillaume d'Ivry, possesseur de la terre de Kary en Somerset est surnommé Lovel, *Lupellus :* il meurt en 1155 et il laisse cinq fils que l'on attribue tous à sa femme Auberie de Beaumont sœur du comte de Mellent. Ces cinq fils sont Galeran baron d'Ivry, héritier des biens de Normandie, Ralph Lovel seigneur de Kary, mort sans enfants, Henry Lovel successeur de son frère Ralph, qui paraît sous le règne de Henri II dans le comté de Somerset en 1159, en 1166, dans le comté de **Cornwall** en 1176, selon les Pipe Rolls, et qui meurt vers 1199, Guillaume qui meurt en 1196, ancêtre des Lovel de Tichmersh et Richard ancêtre des Perceval comtes d'Egmont. La chronique de Huntington oblige à dire que Guillaume Lovel d'Ivry († 1155), outre sa susdite femme indiquée ainsi en 1675 par William Dugdale, a également épousé, avant ou après elle, la fille d'Edgar Marguerite et que son troisième fils, tout au moins, Henry Lovel est le fils de celle-ci. Outre la terre de Kary dans le comté de Somerset, les Lovel ont possédé celle de Tichmersh dans celui de Northampton : ils sont devenus barons Morley en épousant l'héritière de cett autre maison à la fin du XIIIᵉ siècle. Leur titre de baron date du 26 janvier 1297 et leur titre de vicomte du 4 janvier 1483, mais, par leur origine française, ils dominent ces titres britanniques ᵇᵇ.

Outre cette fille Marguerite mariée, avec Guillaume Lovel d'Ivry († 1155), Edgar a certainement un fils appelé comme lui-même Edgar Adeling. Ce fils, sous le **règne de** Henri II, vit dans le Northumberland : en 1158, il doit au trésor 20 marcs d'argent, en paie la moitié cette **année** même et le surplus l'année suivante. En 1167, il rend encore compte de 2 marcs d'argent qu'il paie au trésor **".**

Enfin, la *Mathildis regina, quae fuit de Angliâ* et qui vient à Grenoble épouser le comte Guigues VIII, est forcément la fille d'Edgar puisqu'elle ne peut l'avoir été d'aucun autre roi d'Angleterre. Son nom de Mahaud, qui est celui de la femme de Guillaume le Conquérant, prouve qu'elle est née au moment où Edgar se trouvait en paix avec celui-ci, c'est-à-dire entre 1074 et 1086. En échange, Guillaume le Conquérant a eu, de la reine Mahaud († 9 novembre 1083) une fille nommée Agathe, du nom de la mère d'Edgar, qui a dû naître au même moment et qui est morte en bas âge. Cet échange de noms, Agathe et Mahaud, vers 1075, entre le vainqueur et le vaincu, est une marque de courtoisie royale réciproque.

Mais comment et quand Edgar a-t-il pu, de Normandie, être mis en rapport avec les Alpes de manière à vouloir y fixer sa fille Mahaud ? C'est ici, comme lien nécessaire, qu'intervient saint Anselme, archevêque de Cantorbery, dont voici la vie. Né à Aoste, dans les Alpes bourguignonnes, le 6 mai 1033 ou 1034, du Lombard Gundulphe et d'Ermenberge, sous la domination alors nouvelle du comte de Savoie Humbert II aux Blanches mains, qui y était l'avoué de l'évêque comte, Anselme, à l'âge de quinze ans, vers 1048, sent s'éveiller en lui, la vocation monacale. Quittant Aoste, il passe les monts et demeure trois ans (1049-1051) en Bourgogne ou en France, sans doute à Cluny. De là, cherchant à joindre Lanfranc qui était originaire de Pavie et qui, en 1042, était devenu moine au Bec, il se rend en Normandie afin d'y devenir son disciple. L'archevêque de Rouen Maurille (1055-1067) confirme sa vocation : à vingt-sept ans (1060) il prend donc l'habit au Bec sous l'abbé Herluin, Lanfranc étant le prieur de l'abbaye depuis 1045. Il remplace comme prieur en 1063 Lanfranc élu abbé de Saint-Etienne de Caen et sa renommée commence à grandir. Elle s'étend non seulement en Normandie, mais dans toute la France et, surtout en Flandre, passe la mer et se fait connaître en Angleterre, d'autant mieux que son maître Lanfranc est devenu le 15 août 1070, archevêque de Cantorbery. L'abbé Herluin mourant († 26 août 1078), Anselme lui succède et se trouve béni comme abbé du Bec le 22 février 1079 : son abbaye ayant des biens en Angleterre, dès cette année il va les visiter. Ce devoir accompli lui donne l'occasion de revoir Lanfranc : le roi Guillaume le Conquérant lui est très favorable, mais il meurt († 7 septembre 1087) et son fils Guillaume II, après la mort de Lanfranc († 28 mai 1089), opprime l'Eglise. Trois ans après, Hugues, comte de Chester, voulant élever une abbaye, appelle saint Anselme qui était toujours abbé du Bec : la veille de la nativité de la Vierge (7 septembre 1092) Anselme arrive. Il voit le roi, puis se rend à Chester. Le roi le nomme archevêque de Cantorbery le dimanche 6 mars 1093 : on l'installe malgré sa résistance. Le 4 décembre, on le sacre : pendant le carême de 1095, le 11 mars, il demande au roi d'aller à Rome recevoir le pallium. Sur le refus du roi, l'évêque d'Albano le lui apporte le 10 juin. A la Pentecôte en 1097, il renouvelle sa demande d'aller à Rome : second refus. En octobre, à Winchester, troisième demande et troisième refus : le roi lui fait dire de renoncer à son désir d'aller voir le pape ou bien d'abandonner le royaume. L'archevêque se retire : son parti est arrêté et il quitte le roi le jeudi 15 octobre. Après avoir pris congé de son clergé à Cantorbery, il gagne Douvres, le vent porte son bateau à *Witsandis*, Wissant. S'arrêtant cinq jours à Saint-Bertin, il passe par Saint-Omer, puis gagne la Bourgogne : il arrive à Cluny le 22 décembre 1097. De là, il annonce sa venue à l'archevêque de Lyon Hugues qu'il connaissait depuis longtemps : *erat quippe idem vir Anselmo jam ex multis praecedentibus annis notus et sanctae dilectionis illius igne succensus, magno videndi eum desiderio fatigabatur.*

De Lyon, qu'il quitte le mardi précédant le dimanche des Rameaux, c'est-à-dire le 17 mars 1098, il se dirige vers les Alpes ; le samedi suivant (21 mars), il passe à Aspres-sur-Buëch, puis il traverse le col du mont Genèvre d'où il descend par Suse accompagné de deux moines le Normand Baudouin et le Saxon Eadmer, celui qui, précisément, écrit cette vie précieuse après en avoir vécu les événements ⁶⁵. Il célèbre à Saint-Michel de la Cluse les fêtes de la Passion (27 mars) et de la Résurrection (29 mars 1098). Il parvient à Rome où le pape le loge au Latran dix jours. Il va passer l'été dans la province de Capoue : après le siège de Capoue par Roger duc de Pouille, saint Anselme se rend au concile de Bari (1ᵉʳ octobre 1098), puis il rentre à Rome pour y attendre le concile qui y est convoqué le 1ᵉʳ mai 1099. Le pape ne lui ayant pas donné dans ce concile la satisfaction qu'il en attendait contre le roi, Anselme quitte aussitôt Rome, avant la mort d'Urbain II qui arrive le 29 juillet, et il regagne Lyon, *non sicut hospes aut peregrinus, sed sicut indigena et verè loci dominus*. L'archevêque Hugues lui laisse présider sa propre église : Anselme y guérit des fiévreux, va célébrer à Vienne la fête de Saint-Maurice (22 septembre 1099), à la demande de l'archevêque Guy de Bourgogne. Il officie dans l'église Saint-Etienne de Lyon, se rend à Cluny, revient de là à Lyon par Mâcon et occupe ses loisirs à écrire un opuscule sur la conception du Verbe par la Vierge : ses ressources étaient épuisées et il empruntait de l'argent. Après être allé voir à Marcigny l'abbé de Cluny Hugues, il rentre à Lyon et, aux matines de Saint-Pierre (1ᵉʳ août 1100), il apprend, par une vue prophétique, la mort imminente du roi d'Angleterre. Le lendemain, pendant qu'Anselme se rend à la Chaise-Dieu, le roi meurt en effet d'un accident de chasse († 2 août) et comme son héritier normal, Robert Courte-Heuse, de retour de la croisade, s'attardait en Italie, son frère cadet Henri, se fait couronner de suite au détriment de celui-ci. Le roi Henri écrit à Anselme de rentrer en Angleterre.

Anselme arrive à Douvres le 23 septembre 1100 au moment où Robert évincé regagnait trop tard la Normandie : le roi demande à Anselme de lui prêter hommage ce que celui-ci refuse de faire. Le roi craignait qu'Anselme, prenant le parti de son frère Robert spolié, ne le fît déclarer roi d'accord avec le pape. Il dissimule donc son mécontentement et c'est Anselme qui négocie son mariage avec Mahaud, fille du roi d'Ecosse Malcolm III, nièce d'Edgar Aetheling. On croyait que cette princesse avait prononcé des vœux de religieuse au monastère de Wilton en Wiltshire où elle avait passé son enfance tremblante sous les verges de sa tante Christine, mais elle déclare à Anselme que, si on lui a imposé le voile noir, pour échapper aux mains des Normands, ce fut par force, contre sa propre volonté et à l'insu de son père : « cùm adolescentula essem et sub amitae meae Christianae, quam tu benè nosti, virgâ paverem..... quem pannum in ipsius praesentiâ gemens et tremebunda ferebam, sed mox ut me conspectui ejus subtrahere poteram, arreptum in humum jacere, pedibus proterere ». Sur des déclarations aussi nettes et en présence de cette vocation au mariage si décidée, une assemblée se réunit à Saint-André de Rochester, c'est-à-dire à Lambeth : on y juge que la princesse n'a pas prononcé de vœux réels puisqu'elle a été contrainte et saint Anselme bénit le mariage royal le 11 novembre 1100 après quoi il couronne Mahaud d'Ecosse comme reine d'Angleterre : « negocium itaque ipsius copulae... per Anselmum administratum est, nam et eos in conjugium benedixit et illam pariter in reginam consecravit ». Là-dessus, l'archevêque de Vienne, Guy ,chargé des fonctions de légat pontifical vient en Angleterre, mais personne ne veut l'y recevoir en cette qualité, l'archevêque de Canterbury étant, du droit de son siège primatial, le seul légat pontifical permanent admis en Angleterre. En 1101, à la Pentecôte, Robert Courte-Heuse venant de Normandie avec l'appui du pape, assuré de voir la noblesse anglo-normande abandonner Henri et le reconnaître comme roi, échoue dans son entre-

prise parce que saint Anselme presse les barons de demeu-
rer fidèles au serment par lequel ils se sont engagés vis-à-
vis de Henri, cadet de Robert: l'archevêque de Cantorbéry
sera mal récompensé de ce service éminent rendu par lui
à l'usurpateur. Le roi envoie à Rome trois évêques, Gi-
rard de Hereford élu archevêque d'York, Herbert de
Thetford et Robert de Chester comme messagers pour
presser le pape de lui donner raison dans sa querelle contre
Anselme qui ne voulait pas lui prêter hommage en raison
de la défense que lui en avait faite Urbain II. Mais, entre
Lyon et les Alpes, Herbert est saisi par un homme très
puissant et brutal du nom de « Guy ». Celui-ci le menace
d'un mauvais parti parce qu'il suppose que cet évêque
anglais se rend à Rome afin de nuire à Anselme, ce en quoi
il ne se trompait pas : « et partes Lugdunensis provinciae
impiger attigisset, comprehensus a quodam Guidone viro
praepotente ac fero est et quod de Angliâ episcopus esset
quodque pro damno domini sui Anselmi... Romam iret ab
eodem calumniatus ». L'Anglais est obligé, pour passer,
de déclarer qu'il n'est pas l'ennemi d'Anselme. Évidemment, ce terrible « Guy », qui prend si énergiquement le
parti de saint Anselme, ne peut être que Guigues-Raymond comte de Forez ou, mieux encore, Guigues VIII
comte d'Albon. Le pape ayant rejeté par écrit le 15 avril
1102, les demandes du roi transmises par ses trois évêques,
ceux-ci à leur retour, prétendirent que, de vive voix et
sans vouloir le faire par écrit, il les avait accueillies : d'où
incertitude prolongée en faveur du roi. Anselme conti-
nuant à lui résister se voit prié, le 29 mars 1103, de partir
lui-même pour Rome afin de s'éclairer : l'éloigner était un
soulagement pour la cour. S'embarquant le 27 avril, il
descend à Wissant. Passant par le Bec, il se trouve à
Chartres pour les fêtes de la Pentecôte. Craignant les cha-
leurs de l'été, il revient au Bec où il reste jusqu'au 15 août
et il arrive enfin à Rome et Pascal II l'y reçoit au Latran
comme l'avait fait Urbain II. Mais le nouveau pontife
juge l'affaire plus rapidement que ne l'avait voulu faire

son prédécesseur : le 16 novembre, il confirme Anselme dans sa ligne de conduite et enlève au roi les investitures. Le 23 novembre, il écrit au roi pour le presser de rappeler Anselme. Rentrant par Plaisance à Lyon, Anselme y célèbre Noël avec l'envoyé du roi d'Angleterre qui l'avait accompagné à Rome et celui-ci lui signifie alors de la part de son maître, étant donnée la décision du pape, que l'accès de l'Angleterre lui était désormais fermé. Au retour de son envoyé, le roi, furieux de son échec à Rome, confisque le temporel de l'archevêque de Cantorbery. A Lyon, auprès de l'archevêque Hugues son ami, Anselme était traité toujours avec les mêmes égards, cependant son absence d'Angleterre causée par son refus de prêter hommage au roi causait beaucoup plus de maux à son église que cet hommage, jusqu'ici consenti par ses prédécesseurs, n'aurait pu en entraîner. Après les fêtes de Pâques qui ont lieu le 9 avril 1105, il se détermine à rentrer par Reims pour excommunier le roi. La sœur de celui-ci, Alix comtesse de Blois, alors malade, lui fait demander de venir la voir : il se rend à Blois et, guérie, elle entreprend de réconcilier le roi avec Anselme. Le roi, la comtesse et l'archevêque se rencontrent à Laigle et la réconciliation se fait le 22 juillet 1105. Cet accommodement se précise au Bec le 15 août 1106, sur une nouvelle décision papale du 23 mars, définitive celle-ci, enregistrée le 1ᵉʳ août à Londres par une assemblée des évêques et des barons. Désormais, les évêques pouvaient faire hommage de leur évêché au roi, mais, en échange, le roi abandonnait les investitures. Anselme retourne donc en Angleterre où il est reçu avec joie. Cette querelle se terminait juste à temps pour sauver une seconde fois le roi Henri d'un retour offensif de son frère spolié : Robert Courte-Heuse est finalement écrasé à Tinchebray le 28 septembre 1106. On sait comment, après toutes ces traverses, se terminera, à l'âge de soixante-seize ans, la vie de saint Anselme, archevêque de Cantorbery, primat de toute l'Angleterre, de l'Ecosse, de l'Irlande et des îles adjacentes, pendant que l'on chantait les matines du mercredi saint, le 21 avril 1109 à l'aurore, étendu pour expirer sur un lit de cendre, ce résidu de toute flamme et cette fin de toutes choses.

Le récit d'une telle vie est un peu long, mais il faut bien le connaître dans son ensemble. Evidemment, c'est saint Anselme de Cantorbery, le primat de l'Angleterre, qui a marié la fille d'Edgar Mahaud avec le comte d'Albon Guigues. Il a marié son autre fille Marguerite avec Guillaume Lovel d'Ivry, seigneur de Kary en Somerset († 1155) dont il avait connu le grand-père Robert seigneur de Bréval retiré au Bec pendant qu'il en était l'abbé (22 février 1079-6 mars 1093), comme il mariera leur cousine-germaine Mahaud d'Ecosse avec le roi d'Angleterre lui-même (11 novembre 1100). Originaire d'Aoste et, ainsi, sujet par sa naissance de la Maison de Savoie alors étroitement alliée à la Maison d'Albon, lié comme il l'était avec l'archevêque de Lyon Hugues, c'est à son premier passage dans cette cité aux mois de janvier et de février 1098 que cette union a pu être conclue. L'évêque de Grenoble saint Hugues, qui précisément était une créature de cet Hugues de Die devenu archevêque de Lyon, rencontre alors saint Anselme, traverse avec lui les Alpes (17-28 mars), sans doute par Albon, Valence, Die, Aspres, Embrun et l'accompagne au concile de Bari (1er octobre 1098). D'autre part, c'est aussi à la fin de 1097, après avoir placé son neveu Edgar sur le trône d'Ecosse, ou au début de 1098 que le père de Mahaud, Edgar Aetheling gagne l'orient par Constantinople avec vingt mille pèlerins britanniques et autres insulaires pour prendre le commandement d'une flotte de secours soldée par Alexis Comnène : il se présente avec elle sur la côte de Syrie devant Laodicée au mois de juin 1098 afin de rejoindre Robert Courte-Heuse. Il est donc probable que Mahaud a accompagné son père Edgar par la Normandie, la Bourgogne et Lyon jusqu'aux Alpes et que tous deux se seront trouvés à Lyon pendant qu'Anselme y était lui-même auprès de son ami Hugues : le mariage se sera fait de suite par l'entremise de l'évêque de Grenoble, disciple de Hugues, et alors en bons termes avec le comte d'Albon. On voit pourquoi, revenu d'Italie avec l'évêque de Grenoble après le 1er mai 1099, Anselme va de Lyon célébrer à Vienne la fête de Saint-Maurice, le 22 septembre 1099 : il y est l'hôte de l'archevêque Guy de Bourgogne dont le comte d'Albon dépendait étroitement. On voit aussi pourquoi cet archevêque de Vienne sera chargé, de préférence à tout autre, deux ans plus tard ,en 1101, et d'ailleurs sans succès, du rôle de légat en Angleterre.

*
**

La question qui se pose maintenant est de savoir où Edgar, le père de Mahaud, s'était marié lui-même. Le Northumberland l'a soutenu ainsi que l'Ecosse contre le Conquérant : c'est donc de ce côté que les recherches doivent porter.

Parmi les partisans qui soutiennent Edgar en 1068, se note le comte Gospatric[46]. Ce comte Gospatric venait d'acheter du Conquérant le comté de Northumberland en 1067, vers Noël, à la mort d'Oswulf et. ce qui lui donne une importance particulière. c'est qu'il est, à la fois, par son père Maldred, le propre cousin germain du roi d'Ecosse Malcolm III et, par sa mère Aldgith, le cousin par alliance au sixième degré d'Edgar Aetheling.

En effet, d'une part. l'abbé de Dunkeld Crinan ou Cronan. époux de Bethoc. gendre du roi Malcolm II († 25 novembre 1034). avait été le père de Duncan Ier roi de Cumberland, puis d'Ecosse († 1040) et de Maldred. cité par Simon de Durham[47] : Duncan Ier est le père de Malcolm III Canmore.

D'autre part, la princesse Aelfgifu. fille du roi d'Angleterre Ethelred († 1016) et sœur du roi Edmond († novembre 1017) grand-père d'Edgar Aetheling, avait épousé le comte Uchtred († 1016) dont elle avait eu Aldgithe. Cette

'Aldgithe avait épousé, à son tour, Maldred et en avait eu
Gospatric.

Le comte de Northumberland Gospatric prend donc
part aux révoltes de 1068 et de septembre 1069 en faveur
d'Edgar Aetheling : restauré dans son comté en décembre
1069, il le perd définitivement en 1072 quand le roi d'E-
cosse devient le vassal du Conquérant. Il gagne la Flandre
avec Edgar : peu après, il revient cependant en Ecosse où
Malcolm III lui donne, en compensation, Dunbar. En
1086, il tient aussi des biens dans le Yorkshire. Or, Gospatric a six enfants : trois fils et trois filles. Ce sont, de sa
femme légitime, Waldeof, Ethreda ; d'une concubine, Dolfin, Gospatric, et on ne sait de qui, Gurweda, Matilda.

Un parchemin du XIIIe siècle conservé au Public Record Office (Chancery. Tower, Miscellaneous Rolls
459/3), dit en effet, de ces enfants de Gospatric :

> Comes Cospatrykus qui fuit quondam comes de Dunbar
> in Scocia habuit quendam fratrem nomine Dolfinnum
> comitem Nortanhumbriae, qui ambo bastardi habuerunt
> quendam fratrem nomine Waldeofum legitimum et
> habuerunt quandam sororem nomine Etheldredam legi-
> timam. Et sciendum est quod Waldeofus et Etheldreda
> fuerunt ex uno patre et ex unà matre.

Sa fille Etheldreda épouse Duncan fils ainé du roi Mal-
colm, son autre fille Mahaud épouse Dolfin fils d'Alward.
Son fils Gospatric est comte de Dunbar ; son autre fils
Dolfin reçoit le comté de Cumberland d'où, en 1092, le roi
Guillaume II le chasse.

Les annales de Waverley reflètent cet événement :

> MXCII. Rex Willelmus ivit in nord apud Cardeol et bur-
> gum aedificavit et castellum incepit et Dolfinum fugavit
> cujus terra illa fuit et misit homines suos in castello
> et, postea, reversus est sud et misit illuc multos villanos
> cum uxoribus et animalibus suis ut in illâ terrâ ma-
> nerent.

En 1120 ou 1121, comme le prouve une enquête de
David prince de Cumberland sur les terres de l'église de
Glasgow, les trois frères Gospatric, Dolfin et Waldeof vi-

vent encore. Les souscriptions de deux d'entre eux y figurent : « Cospatric, frater Dalfin, Waldef frater suus. »

Ce nom du comte de Cumberland est une révélation : quand la reine Mahaud fille d'Edgar, devenue comtesse d'Albon donne comme surnom de baptême à son fils puiné Guigues le nom de *Dalfinus* vers 1100 ou 1102, il est clair qu'elle lui donne celui de ce comte de Cumberland chassé huit ou dix ans plus tôt de son domaine et puisque, d'après les exemples envisagés plus haut, le surnom de baptême est généralement choisi du côté maternel parmi les parents de la mère, on est amené à conclure que le prince Edgar Aetheling père de la reine-comtesse Mahaud avait épousé très probablement la sœur du comte de Northumberland Gospatric vers 1070. Ainsi le comte de Cumberland Dolfin était le cousin germain par alliance de la comtesse d'Albon.

Il est vrai que Gospatric et Edgar étaient cousins au sixième degré et on pourrait craindre que cette parenté assez rapprochée n'ait empêché Edgar d'épouser la sœur de Gospatric ; mais cette proximité ne suffisait pas alors à prohiber un mariage. On sait, en effet, que Duncan fils du roi Malcolm III Canmore et d'Ingibjörg a précisément épousé Ethreda fille de ce même Gospatric, or Duncan et Ethreda étaient, comme Gospatric et Edgar, parents au sixième degré.

Mahaud, sœur du comte de Cumberland Dolfin, ayant épousé elle-même un autre Dolfin, on voit que ce nom, si singulier ailleurs, était assez répandu dans le nord de l'Angleterre. Il existe en Angleterre des localités comme Dolphingston, Dolphinholme, Dolphinsbarn et Dolphinton. Cette dernière, qui est une paroisse du comté de Lanark, d'un terroir de 2920 acres et d'un population de 305 habitants au milieu du XIX° siècle, a le particulier intérêt de rappeler précisément le comte de Cumberland dont il s'agit : c'était une baronie appartenant à Lord Douglas "

Mais d'où venait, en particulier, au comte de Cumberland, Dolfin, fils de Gospatric, ce nom qu'il portait ?

Le roi Malcolm III Canmore, cousin de Gospatric, avait épousé, tout d'abord, Ingibjörg, fille du comte Finn Arnason et veuve du comte des Orcades Thorfinn II († 1057 ?) dont elle avait eu un fils, Dolfinn mac Finntair mort lui-même dix ans plus tôt († 1er janvier 1054 [89]. Ainsi, le comte de Cumberland Dolfin, né probablement pendant le règne assez court de la reine Ingibjörg (1058-1062), a reçu le nom du fils qu'elle avait perdu. Il n'est pas douteux que ce Dolfinn mac Finntair porte le nom adouci du Norrois Thorfinn son père. C'est ainsi que Waldeof, l'autre fils de Gospatric, porte également un nom norrois adouci, celui de Val-Thyofr. Ce comte Thor-finn dominait tout le nord de l'Ecosse, c'est-à-dire les pays de Sutherland, de Caithness, avec les iles Orcades et les Shetland. Fils de Sigurd qui, comme Cronan, était le gendre de Malcolm II, petit-fils de Hlöthve, arrière-petit-fils d'un premier Thor-finn, il était le représentant de la race norroise des comtes d'Orkney [90]. Tor-feinar, père de ce Thor-finn Ier était un bâtard du « riki » ou roi Rögnvald, comte de Moeri en Norvège qui, de sa femme légitime Hilda, avait eu Hrolf, l'ancêtre fameux des ducs de Normandie.

Le nom du dieu norrois Thorr, qui manie le tonnerre, était répandu parmi les guerriers norrois, comme nom propre, combiné avec d'autres vocables accessoires qui s'y joignaient en manière de suffixes. On connaît [91] :

Thor-alfr, Thor-arr, Thor-oddr, Thor-arinn, Thor-haddr, Thor-halli, Thor-hallr, Thor-bergr, Tror-björn, Thor-brandr, Thor-finnr, Thor-gautr, Thor-geirr, Thor-gestr, Thor-grimr, Thor-gils, Thor-gnyr, Thor-kell, Thor-lakr, Thor-leifr, Thor-leikr, Thor-ljotr, Thor-motr, Thor-mundr, Thor-steinn, Thor-valdr, Thor-vartr, Thor-vitr.

et pour les femmes :

> Thor-ey, Thor-arua, Thor-finna, Thor-grima, **Thor-gunna**,
> Thor-halla, Thor-hildr, Thor-unn, **Thor-dis**, **Thor-gertr**,
> Thor-björg, Thor-kalla, Thor-ny, Thor-veig, **Thor-vör**.

Ce nom divin figure également dans quelques noms de localités :

> Thors-mörk, Thors-nes, Thors-a.

Dans cette dernière série, le nom figure sous la forme du génitif : Thors-nes est le cap de Thor, Thors-a est l'eau de Thor.

Dans la première série, celle des noms de personnes, le nom divin parait figuré, non pas sous la forme du nominatif Thorr, mais plutôt sous la forme du datif, Thor :

Finnr, c'est un Finnois : Finna, une Finnoise, Finnar, ce sont les Finnois, Finn-mörk, est le pays finnois, la Finlande. Ainsi, Thor-finnr, c'est un homme finnois dédié au dieu Thorr. Les Thor-finn étaient hardis : l'un d'eux a laissé son nom, daté de l'an 1007, décorant le roc de Dighton, sur la Taunton River, au terroir de Berkeley du comté de Bristol dans l'Etat de Massachussets, c'est-à-dire en Amérique où il était venu découvrir le Vinland[7].

Voilà donc l'origine primitive du nom venu aux comtes d'Albon par l'intermédiaire de l'Ecosse. Dès le milieu du XI siècle, on le voit, ce rude nom norrois se trouve adouci dans l'Ecosse celtique et, évidemment, ce n'est plus le nom du dieu païen Thor que les princesses chrétiennes transmettent à leurs enfants.

Depuis Juvénal

> quantùm delphinis balaena britannica major.

et Bède :

> capiuntur autem saepissimè et vituli marini et delphines
> necnon et ballenae.

on a noté l'abondance de la baleine, du dauphin et du marsouin sur les côtes britanniques. Le marsouin, c'est le mere-swine anglais, le meer-schwein germanique, c'est-à-dire le « porc de mer ». Mais, depuis l'introduction du christianisme, le nom méridional du dauphin, ce mammifère cétacé, avait une tendance à dominer les vocables indigènes du nord par lesquels se désignait le marsouin. Le moyen anglais donne déjà *dolphyne*, le moyen allemand *delfin, talfin*, le néerlandais *dolfijn, delphijn*, le danois *delfin*. En réalité, le marsouin ne se confondait pas avec le dauphin, mais il lui cédait le premier rang. Le droit maritime français mettait celui-ci bien au-dessus de l'autre. Pour lui, le dauphin était le premier des poissons royaux tandis que le marsouin était, comme le cochon, un vulgaire animal à lard en conformité avec son étymologie germanique. Le texte de l'ordonnance du mois d'août 1681 enregistrée à Aix-en-Provence le 30 janvier 1682 le dit expressément[72] :

> Les poissons royaux, au nombre desquels sont les Dauphins, les Eturgeons, les Saumons et les Truites appartiennent au Roy lorsqu'ils sont trouvés échoués, en payant les salaires de ceux qui les ont mis en lieu de sûreté (Tit. 7, art. 1er).
>
> Les poissons à lard, tels que les Baleines, Marsouins, Veaux de mer, Souffleurs et autres sont partagés comme les effets échoués, un tiers au roy, un tiers à l'Amiral, un tiers à l'inventeur (Art. 2 & liv. 4, tit. 9, art. 29).

Cette estime du droit français pour le dauphin au détriment du marsouin est toute naturelle en raison du titre que portait l'héritier de la couronne. La peau très recherchée et fameuse du dauphin se tendait au surplus sur l'armature de bois de l'écu des nobles chevaliers et sur elle se peignait l'émail de leurs couleurs[73]. Au troisième tiers du XIIe siècle, le roman d'Alexandre le Grand (vers 718-720) le dit :

> Au col li pendent un fort escu bocler,
> desus ert volt d'un grant peison de mer :
> dauphin lo claiment cil qui l sevent nommer.

et au premier tiers du XIIIe siècle celui du Chevalier au cygne de même (vers 6000-6001) :

> Li escu de son col fut d'un poisson marin :
> l'escriture le mostre c'on l'apele delfin.

On aurait fait fi de la peau de marsouin et, encore plus, de la peau de truie, quoique leur mérite n'eût pas été moindre peut-être, car le marsouin et le porc étaient des bêtes vilaines.

D'autre part si l'on trouve en Ecosse des princes qui se parent du nom de *Dolfin*, on n'en trouve aucun qui s'affuble de celui de *mere-swine*. C'est que, pour les Chrétiens, le dauphin était un symbole de l'âme immortelle. On connaît la lettre de l'évêque de Vienne Avitus à son frère Apollinaire évêque de Valence, au début du VIe siècle, indiquant, vers 509, qu'il désire un anneau dont la pierre soit enchâssée dans deux petits dauphins [75] :

> Signatorium igitur.... in hunc modum fieri volo. Anulo ferreo & admodùm tenui velut concurrentibus in se delphinulis concludendo, sigilli duplicis forma gemino cardine volubilis inseratur. Quae, ut libuerit, vicissim seu latitabunda seu publica obtutibus intuentum alterna vernantis lapilli vel electri pallentis fronte mutetur..... sigillo signum monogrammatis mei per gyrum scripti nominis legatur indicio. Medium porrò anuli, ab eâ parte quâ volae clausae vicinabitur, delphinorum quorum superiùs capita descripsimus, caudae tenebunt.

Vienne a donné une lampe chrétienne en poterie estampée datant de l'occupation gotique (475-529) ornée de l'emblême du dauphin que conserve le cabinet de M. Joseph Roman [76]. Le musée de Lyon présente encore un médaillon circulaire en marbre blanc trouvé à Sainte-Colombe près Vienne, de l'époque gallo-romaine orné aussi d'un dauphin [77]. On connaît l'épitaphe élevée par *Delphina mater filio carissimo*. Une autre épitaphe de la Germanie supérieure a gardé la mémoire de *Delfinus Rautionis filius* et on sait que l'évêque d'York Wilfrid († Oundle 709 et inhumé à Ripon), l'apôtre du Northumberland, avait, dans sa jeunesse (655 à 658) [78], de l'âge de vingt jusqu'à celui de vingt-cinq ans, vécu à Lyon : « apud Dalfinum archiepiscopum Galliarum Lugduni multum temporis egerat ». Ce Dauphin n'était autre que saint Chamond et de lui Wilfrid avait alors reçu la couronne cléricale. Ainsi, quatre ou cinq siècles avant saint Anselme, Wilfrid, le premier, en souvenir de son maître lyonnais aura répandu le nom de *Dalfinus,* dans le nord de l'Angleterre[39].

Pour les Chrétiens, le dauphin était donc un symbole de l'immortalité réservée à l'âme humaine; mais, déjà, le dauphin avait eu un rôle analogue aux origines du paganisme. Sur les eaux de la Méditerranée il était, tour à tour, le messager de la vie et celui de la mort.

C'est lui, en effet, qui porte Aphrodite à Chypre aussitôt après la naissance en mer de cette déesse. A l'aurore des âges, dans la Mésopotamie primitive, le poisson de l'Euphrate, trouvant un grand œuf dans ses eaux, œuf symbole de la vie future, le portait à la rive du fleuve. Couvé par une colombe, il y donnait naissance à la déesse de l'amour, cette divinité si nécessaire au monde : d'elle procède l'Aphrodite syrienne[40]. On a trouvé en Crète un œuf d'autruche sur lequel sont collés cinq dauphins en porcelaine. Voilà le messager de la vie humaine et, ensuite, c'est encore lui, le dauphin qui, prenant les morts sur la rive opposée, les conduit par les flots de l'Océan vers l'au-delà pour y jouir de la vie immortelle.

Oui, c'est le nom du bel animal rapide qui, aux yeux de la poésie hellénique, portait les âmes des justes vers l'occident, jusqu'aux îles fortunées et qui, pour la pensée chrétienne, exprime désormais, sur les sarcophages des fidèles, l'immortalité de l'âme, assurée par le Christ, c'est lui et ce n'est pas le nom du farouche dieu scandinave que Mahaud reine d'Angleterre donne à son fils Guigues d'Albon le jeune.

Ce n'est pas, en effet, le dieu de la mort que peut rappeler un surnom de baptême : bien au contraire, c'est l'image de la vie éternelle, LE NOBLE ET FIER POIS- [SON] des jetons de Grenoble, qui sert depuis lors d'enseigne au Dauphiné.

Paris, 24 décembre 1894-30 mai 1895.
Manteyer, 15-21 janvier, Grenoble. 27-30 janvier 1923.

NOTES

---

[1] De l'origine et du sens des mots Dauphin et Dauphiné et de leurs rapports avec l'emblème du dauphin en Dauphiné, en Auvergne et en Forez, par A. Prudhomme, archiviste de l'Isère (Extrait de la Bibliothèque de l'Ecole des Chartes, année 1893, t. LIV, 28 pp.).

[2] Saragosse, 4 octobre 380. L'Evêque de Bordeaux *Delphinus* est présent (*Concilia... Labbæi,* t. 2, col. 1009-1010). Cet évêque adversaire des Priscillianistes, fut le contemporain et l'ami de St Ambroise, le père spirituel de St Paulin de Nole. Voir Patr. Migne, t. XVI, col. 1283 : *S. Ambrosii epistolarum classis* II, ep. LXXXVII, avec la graphie du latin classique *Delphinus.* Voir aussi : *Corp. script. ecclesiast. latin. vol. XXVIIII-XXX, Vindobonæ* 1894 : *S. Pontii Meropii Paulini Nolani opera ed. G. de Hartel. Pars I. Epistulæ* pp. 17, 57, 107, 126, 137, 142, 147, 148, 312. *Pars II Carmina* XVIIII-154 p. 123. L'éditeur adopte la graphie classique : *Delphinus,* les manuscrits fournissent également : *Delfinus, Dalphinus.* Il existe une Vie de St Delphin, évêque de Bordeaux, par le P. Moniquet S. J. Paris, Tolra, 1893, in-8°. Il est mort entre l'année 400 et l'année 404.

[3] Clichy, 22 juin 653. *Aunemundus peccator consenciaens subscripsi.* (Arch. nat. K. 2, n° 3. orig. papyrus). Cet acte est le seul où figure la souscription authentique de saint Chamond : son nom, comme l'examen du papyrus permet de le constater, est bien *Aunemundus* et non pas *Annemundus.* C'est le même nom que celui du comte *Aunemundus* présent à Lyon le 29 mars 517. (Mon. Germ. histor. Legum sect. I. Leges Burgundionum, p. 34). Saint Chamond fonda le monastère pour filles de St Pierre et y fut inhumé (Mon. Germ. histor. Epistolarum, t. IV. p. 543). Deux actes apocryphes se rapportent à lui : dans le premier, du X° siècle, son nom est encore écrit : *Aunemundus* (Arch. nat. K. 3, n° 1), dans le second, postérieur, il est orthographié: *Annemundus* et on lui donne un frère appelé : *Dalfinus.* Le faussaire met ainsi en usage le surnom de l'évêque connu par sources anglo-saxonnes (Pardessus. Diplomata. chartæ, t. 2, pp. 101-102, n° 324). Voir *Acta SS. sept.* t. VII. pp. 673-698, au 28 septembre.

Dans la liste épiscopale de Lyon, transcrite sous le pontificat d'Amolo (16 janvier 841-31 mars 852) sur le feuillet de garde de l'évangéliaire du grand séminaire d'Autun, le nom d'*Aunemundus* est écrit *Aonemundus* (M.-C. Guigue et Georges Guigue. Obituaire de l'église primatiale de Lyon. Lyon. Emm. Vitte, 1902, p. 110, fac simile photographique).

⁴ Il est facile de s'en rendre compte en feuilletant l'*Index alphabeticus generalis sanctorum decem primis sacri anni mensibus illustratorum* (*Acta SS. Auctaria octobris. Tabulae generales,* pp. 251-394) et les *Elenchi sanctorum, beatorum et aliquot venerabilium quorum acta in prosecutione operis bollandiani elucidanda videntur* (pp. 395-428). *Dalfinus* évêque de Lyon y figure, p. 281 avec renvoi pour sa vie au 28 sept. VII. 720, et *Delphinus* évêque de Bordeaux, p. 403, au 24 décembre. Le martyrologe hiéronymien ne donne aucun saint qui ait porté ce nom (Joh. Bapt. de Rossi et Ludov. Duchesne, Martyrologium hieronymianum ad fidem codicum adjectis prolegomeis. Ex Act. SS. Novembris tom. III. Bruxellis. typis Polleunis et Ceuterick 37 via Ursulinarum).

⁵ Voir, en particulier, pour St Chamond, le commentaire des Bollandistes (Sept. t. VII, pp. 720-721). — *J. Condamin. J.-B. Vanel.* Martyrologe de la sainte église de Lyon, texte latin inédit du XIII⁵ siècle transcrit sur le manuscrit de Bologne. Lyon. Emmanuel Vitte. 1902, in-8°, p. 90 au 4 des calendes d'octobre : Ipso die, natalis beati Annemundi episcopi Lugdunensis et martyris Christi. Requiescit autem prefatus martyr in eadem urbe, scilicet ad sanctum Petrum cytra Ararim.

⁶ Saint-Chamond (Loire).

⁷ Voir Bædæ historia ecclesiastica gentis Anglorum III. 25 ; V. 19. ed. Alf. Holder, pp. 148, 262. Freiburg i. B. (Germanischer bücherschatz 7.). Bède nomme St Chamond : *Dalfinus,* Eddius également (The historians of the Church of York... ed... J. Raine, p. 6 ; Rerum britann. med. ævi script. n° 71. — Acta SS. ord. S. Beněd. Sæc. IV pars prima pp. 678-680). Fridegod l'appelle *Dalwinus* (The historians of the Church of York, p. 111. — Acta SS. ord. S. Bened. sæc. III pars prima pp. 173-175). Eadmer suit la graphie de Bède et d'Eddius (Acta SS. ord. S. Bened. sæc. III pars prima pp. 199-201. — Acta SS. aprilis t. III pp. 293-312, au 24 avril). C'est évidemment la forme commune dès le VII⁵ siècle à adopter : *Dalphinus* est une graphie plus savante qui ne devient courante que plus tard, en imitation de la première forme classique latine : *Delphinus.*

En dehors de St Delphin évêque de Bordeaux et de St Chamond évêque de Lyon, ce nom a été porté en Gaule notamment par un abbé de St-Denis ; voir le jugement de Childebert III daté de Montmacq le 13 décembre 710 qui donne, nettement la graphie : *Dalfino* (Arch. nat. K. 3, n° 15, parch. orig.). Précédemment, le 1ᵉʳ février 683, un abbé *Delfinus* ou *Delphinus* souscrit un privilège d'Arey évêque de Vaison (*Pardessus. Diplomata, chartæ...* t. 2 pp. 191-195, n° 401. — *Mabillon.* Annales ordinis S. Benedicti, t. I, 1703, p. 700) mais l'original est perdu et la graphie savante *Delphinus* encore naturelle au IV⁵ siècle pour l'évêque de Bordeaux devient suspecte à cette époque.

Le 27⁵ évêque d'Orléans, entre 697 et 732, a porté le nom de *Dalfinus* (L. Duchesne. Fastes épiscopaux de l'ancienne Gaule, p. 2.

L'Aquitaine et les Lyonnaises, Paris, A. Fontemoing, 1899, p. 458. — Bibl. du Vatican. Ms. Reg. 465, f° 84 r° transcrit à Angers entre 1021 et 1047).

Ce nom n'est pas plus surprenant que ceux d'*Ursus* et de *Lupus* portés par les 7ᵉ et 8ᵉ évêques de Troyes (*Ibid.*, p. 449). Saint Loup a vécu de 427 à 478.

On trouve à Autun, au mois d'avril [818], un témoin de ce nom : *Signum Dalfino*. (*Pérard*. Recueil de plusieurs pièces servant à l'histoire de Bourgogne. Paris, 1664 : chartes de Perrecy, pp. 33-34 ; Maurice Prou et Alexandre Vidier. Recueil des chartes de l'abbaye de Saint Benoit-sur-Loire, t. I, 1ᵉʳ fasc. Orléans, Herluison. MDCCCC. Documents publiés par la soc. histor. et archéol. du Gatinais V, pp. 29-30, n° XIII).

En Mâconnais, un acte de 917 mentionne une *terra Dalfino*, dans les environs de Jalogny et, par conséquent, près de Cluny (Rec. des ch. de Cluny, t. I, pp. 194-195, n° 206). Un second acte du mois d'octobre 917, mentionne une *terra sancti Joanc Dalfino*, également en Mâconnais (*Ibid.*, pp. 198-199, n° 210).

En Lyonnais existait, au début du XIᵉ siècle, une *villa Delfingis* et un habitant de Reneins du nom de *Delfingum* (*Aug. Bernard. Cart.* de l'abbaye de Savigny IIᵉ partie, cart. d'Ainay, pp. 669-670, n° 156). Ce village est actuellement Delphingue, sur le terroir de Saint-Georges-de-Reneins, au canton de Belleville-sur-Saône. Sur le terroir voisin de Saint-Jean d'Ardières, se trouve d'autre part Saint-Ennemond et ce voisinage invite à penser que Delphingue doit remonter, par son origine, à l'évêque lyonnais saint Chamond.

* Il convient d'ajouter à César avant Dauphin d'abord le nom de *Flavius* adopté, dès le début du IVᵉ siècle, par les membres de la famille impériale après Constance Chlore et son fils Constantin : ce nom devint réellement, comme on l'a fait remarquer, un titre qui fut porté par les derniers Empereurs d'Occident et par leurs successeurs d'Orient, au moins jusqu'à Constantin VII Porphyrogenète († 9 nov. 959) ; en Occident, après les Empereurs soit à dater de Théodoric (493   ) en Italie par les rois des Ostrogoths et des Lombards, soit en Espagne et en Gaule par les rois des Wisigoths, à dater de Recarel en 586 (*Totius latinitatis onomasticon...* de Vit, t. 3, pp. 82-125. — VIᵉ siècle. (*Totius latinitatis onomasticon...* de Vit, t. 3, pp. 82-125. — La vie de St Gilles par Guillaume de Berneville, poème publié par Gaston Paris et Alph. Bos. Paris, 1881, Soc. des anciens textes. p. LI. note 2). Puis, en ce qui concerne les souverains bulgares aussi bien que les princes roumains de Valachie et Moldavie, le titre de Iŏ qui, porté par eux, rappelait parait-il, le nom de Ionitza, qui se qualifiait empereur des Bulgares et des Valaques : « ego Calojohannes imperator Bulgarorum et Blachorum » et que le pape Innocent II fit couronner roi (Anagni, 24 février 1203 : *Nic. Densusianu.* Documente privitóre la Istoria Românilor 1199-1345. Bucuresci, 1887. pp.

98

17-20, n° 15. — Histoire des roumains de la Dacie Trajane par A. D.
Xenopol, t. I, p. 487, add. à la page 220. Paris, Leroux, 1896).

Du César latin procèdent le Kaiser germanique et le tsar slave.
En effet, *Caesar* a donné en gotique *Kaisar* et en allemand moderne
Kaiser : les textes slaves les plus anciens font connaître la forme
Cesar, « rois », d'où le serbe *Cesar,* le vieux tchèque *Ciesarz,* le polonais *Cesarz.* De la forme *cisari* sortent les mots russe et bulgare *car ;*
pour tous ces dérivés slaves, le *c* initial se prononce *ts.* M. A. Meillet,
qui énumère ces dérivés, indique que les souverains bulgares primitifs
comme d'ailleurs les russes, portaient simplement le titre de *Knez,*
« prince ». Le premier Bulgare qui ait osé prendre le titre de *tsar*
pour s'égaler à l'empereur de Constantinople fut, en 917, Siméon,
parce qu'il avait vaincu le *Basileus.* En Russie, Ivan IV le Terrible
prit, en 1547, le titre de *tsar.*

Quant au nom personnel de Charlemagne, *Karl* (800-814), il a également été emprunté par tous les Slaves avec le sens de « roi ». De
là, le serbe *Kral* qui est le titre actuel des rois de Serbie, le tchèque
Kral, le polonais *Krol,* le russe *Korol* (*A. Meillet.* L'unité des langues
slaves, *La Revue de Paris,* 17° année, n° 3, 1er février 1910, pp. 538-
539). Le titre royal des Hongrois *Kiral* procède lui-même de là.

Quant au titre d'Auguste donné à Octave empereur le 16 janvier
27 av J.-C. et porté par ses successeurs ce n'est pas, originairement,
un nom de personne mais un adjectif (Chronologie de l'Empire ro-
main, par G. Goyau, p. 7).

[9] 1063 « Ego Guigo comes qui nomine vocor Senex atque filius
meus Guigo pinguis » (Ulciensis ecclesiæ chartarium, n° 152, p. 135).

[10] ...... « Ego Wigo ut dicitur : comes ». (Recueil des Chartes de
l'abbaye de Cluny, n° 3794. t. 5, p. 145).

[11] 1079 : fratris mei Guigonis, cognomento Raimundi (Recueil des
Chartes de l'abbaye de Cluny, n° 3542. t. 4, p. 670).

[12] Voir l'*Index alphabeticus generalis sanctorum.* (*Acta SS. Auctaria octobris Tabulae generales, p.* 364) et pour chacune de ces saintes : *Acta SS. Febr.* t. III, p. 293. *April,* t. I, p. 67, *Jul.* t. I, pp. 237-
241, *Sept.* t. III, p. 4, *Sept.* t. III, pp. 24-43.

Le nom de l'une de ces saintes — celle du diocèse de Cambrai —
a été porté par une comtesse de Mâcon, d'origine allemande, précisément au début du XII° siècle.

1107 : « ego Willelmus Burgundionum comes et Mathicensium....
videlicet Rainaldus pater meus, filius Willelmi...... possessionem
quoque in pago Leodiensi quam Aywaliam vocant quam mater mea
Regina que fuit uxor Rainaldi Mathicensium comitis dedit ad Mar-
ciniacum...... pro redemptione anime mee et avi ac nutritoris mei
Cononis comitis.... (Rec. des Ch. de Cluny, Bruel, t. V, pp. 211-213,
n° 3862).

Le père de cette comtesse Reine doit être identifié avec Conon,
comte de Montaigu, qui parait en 1066, 1071, 1079, 1080, 1086, 1092
et meurt le 30 avril 1105 (Monuments pour servir à l'histoire des

provinces de Namur, de Hainaut et de Luxembourg.... par le baron
de Reiffenberg, t. I ᵉʳ, Bruxelles, 1844, pp. 726-728, 627 et 126 ; —
Cartulaire de l'église Saint-Lambert de Liège, publié par S. Bormans
et E. Schoolmeesters, tome Iᵉʳ. Bruxelles, 1893, n° XXVI, pp. 38-43) ;
Montaigu se trouve sur l'Ourthe, près de Marche, dans le Luxembourg belge et au diocèse de Liège. Comme le diocèse de Liège était
limitrophe de celui de Cambrai, l'une des filles du comte de Montaigu
pouvait bien fort bien porter le nom de celle des saintes Reines honorée au diocèse de Cambrai.

La plus notoire de ces saintes est celle du diocèse d'Autun, vénérée à Alise-Sainte-Reine (Côte-d'Or) : son nom s'est propagé, semble-t-il ,en Haute-Loire (commune de Malvalette et commune de Re-
tournac), même en Savoie (arr. Chambéry, cant. Le Châtelard).

M. J. Toutain a étudié les origines de son culte : sa basilique repo-
sait sur un sarcophage du VIIIᵉ siècle (*J. Toutain*. La basilique primitive et le plus ancien culte de sainte Reine à Alésia : *Revue de
l'histoire des religions*, 1914. — *J. Toutain*. Autour de la basilique de
Sainte Reine (Alesia), étude critique des documents écrits relatifs à
la basilique primitive et au plus ancien culte de Sainte Reine à
Alésia : *Bulletin* d'anc. litt. et arch. chrétienne). Le corps de sainte
Reine fut transféré au monastère de Flavigny en 864 et y produisit
des miracles : le nécrologe de Flavigny mentionne, le VII des ides
de septembre, « Sanctae Reginae virginis et martiris Flaviniaci »
(Monum. Germ. hist., Script. t. VIII, p. 286). Le martyrologe italique
pseudo-hiéronymien du Vᵉ siècle mentionne seulement, le VIII des
calendes de mars, « Regine, Cyriaci » et le IV des nones d'avril,
« Quiriaci, regine ». Il ne donne pas sainte Reine d'Alise : les addi-
tions qui y ont été opérées à Auxerre sous l'évêque Aunachaire (573-
601) sont le premier texte qui en indique le culte. Parmi ces addi-
tions, il y en a deux douzaines qui sont relatives au diocèse d'Autun
et qui paraissent avoir été fournies par l'évêque Syagrius (27 août
561-2 septembre 600). L'une d'elles vise sainte Reine alors vénérée à
Alise. Le manuscrit d'Epternach ne la donne pas. Celui de Wissem-
bourg, transcrit en 772, donne le 7 septembre : « Edue ciuit. Gall.
locum Alisiane nat. scae regine mar. cuius gesta habentur ». Celui
de Berne est plus concis : « et in territur. Edua ciuit. loco Alisia
Natal. Sce Regine martyrae ». Le manuscrit de Wissenbourg ajoute,
le V des calendes de juin, sans indication de localité, dans les addi-
tions finales qui y ont été faites de 782 à 814 : « Dedicatio Sce
Regine ».

La vogue du culte de sainte Reine dans le diocèse d'Autun, d'abord
à Alise, puis à Flavigny, amena la diffusion de son nom soit dans
l'Autunois, soit dans le Mâconnais, soit dans le Lyonnais. Les chartes de Cluny l'indiquent par suite au Xᵉ siècle : Gerard et sa femme
Reine, *Regine, Raina*, y paraissent en Autunois de 910 à 927 (Ch. de
Cluny, n°ˢ 127, 129). De même, Udolric et sa femme, Reine, *Raina*, en

novembre 924 (*Ibid.*, n° 244). Puis, en Mâconnais, le 24 avril 925, *Odolvenus* et sa femme *Raina* (*Ibid.*, n° 250) ; en mai 938, *Constanciono* et *Raina* (*Ibid.*, n° 490) ; en février 964, *Armanno* et sa femme *Raina* (*Ibid.*, n° 1171) ; en mai 964, *Ragina* (*Ibid.*, n° 1175) ; le 3 avril 967 ?, en Lyonnais, *Regine* (*Ibid.*, n° 1225) ; au mois, d'août 967, en Mâconnais, *Raynae* (*Ibid.*, n° 1231) ; puis, *Raine* (*Ibid.*, n° 1357) ; en 979 et au pays d'Autun,*Rainae* (*Ibid.*, n° 1503) ; en juillet 982, au pays de Mâcon, *Vuido* et sa femme *Raina* (*Ibid.*, n° 1618) ; en avril 997, *Rane* (*Ibid.*, n° 2392) ; puis, en Mâconnais, terre *Rayna* (*Ibid.*, n° 2653) et le 25 février 1020, *Raina* (*Ibid.*, n° 2724) ; en 1027 ou 1028, toujours en Mâconnais *Rayna* (*Ibid.*, n° 2803) ; de 996 à 1031, *Raine* (*Ibid.*, n° 2352). Finalement, avant la fin du XI° siècle, *quaedam nobilis domina nomine Raina* (*Ibid.*, n° 3734) et, en 1100, *Regina de Obled* (*Ibid.*, n° 3742).

Le culte de sainte Reine d'Alise à Flavigny a donné lieu à la publication de plusieurs ouvrages d'édification. Les plus connus sont ceux du bénédictin dom Viole : 1° Apologie pour la vréitable présence du corps de Saincte Reine d'Alize dans l'abbaye de Flavigny en Bourgogne contre une prétendue translation du même corps, 2° édition avec les preuves tirées des anciens manuscrits de Flavigny. Paris, 1653. — 3s La Vie de sainte Reyne, vierge et martyre. A Semur en Auxois, 1713.

La Bibliothèque Méjanes, à Aix-en-Provence, conserve, de plus, à son sujet un petit ouvrage assez rare dont voici la description (Méjanes : in-8° 7944).

> Le petit/ office/ de/ Sainte Reine/ vierge et martire/ avec les littanies et oraisons/ devotes de la même Sainte. Le Décret de Mon-/seigneur d'Attichy, pour la célébration de sa fête./ L'institution de la Confrairie de ladite sainte ;/ avec des Poësies, ou Himnes à son honneur./ et le catalogue des reliques/ qui sont conservées dans le Trésor de l'Abbaïe/ de Flavigny./ nouvelle édition,/ revuë & corrigée/ [Bois à l'ange]/ A Chastillon,/ Par Claude Bourut, Imprimeur de la Ville, &/ du Collège. 1691/ [Tiret]/ Avec aprobation.

> 1 feuillet hors texte portant au verso un bois en pleine page : « Portrait de sainte Reine, Vierge et Martire, d'Alize/ dont l'original en marbre est gardé dans le Trésor de l'Abbaïe/ de Saint Pierre de Flavigny-Sainte-Reine/ » + 1 p. nch. (Titre) + 1 p. bl. + 3-4 (Permission du 12 septembre 1659) + 5-53 + 1 p. nch. portant le même bois en pleine page qu'au début du portrait, mais sans légende, in-8°.

Aux pp. 29-32 de cet ouvrage, le décret de l'évêque d'Autun, Mgr Louis Dony d'Attichy instituant, le 7 septembre, la fête de sainte

Reine, martyre à Alize, bourg de son diocèse, dont les reliques sont à Saint-Pierre de Flavigny dans le même diocèse. Cette fête est instituée, non pas pour tout son diocèse, mais seulement pour Alize, le pays d'Auxois, l'archiprêtré de Touillon et de Duesme.

A la p. 34, énumération des trois fêtes de sainte Reine : « le 22 mars, jour auquel ses saintes reliques, et châsse, avec celle de saint Théophile son père nourricier, furent apportées en ce monastère, l'an huit cents soixante quatre sous Charles le Chauve...... fête de l'exception du corps...... 2°... le 13 juillet, auquel jour on célèbre la fête de la relevation ou revelation de son corps... 3° le septième de septembre, jour de son martyre... »

A la p. 47, se trouve le catalogue des reliques de l'abbaye de Flavigny. Sans être aussi riche assurément que celle de Lérins en Provence, cette abbaye possédait cependant

> « du laict de la Saincte Vierge, avec un morceau de son suaire enfermé dans une fiole de cristal ».

> « Le corps de sainte Reine, vierge et martire, d'Alize, enfermé avec son Suaire dans une grande chasse d'argent d'un ouvrage très riche »

sans compter le cœur, le chef, les deux os des bras appelés radius, la mâchoire inférieure de la même, chacun dans un reliquaire d'argent.

[13] 15 août 1223. *Andreas Delphinus comes Albionis et palatinus Viennæ...... predecessores mei videlicet Guigo comes de Albione et uxor ejus* NOMINE. MATILDIS, GENERE REGINA (Cartulaire... de Chalais. éd. Em. Pilot de Thorey, 1879, pp. 67-69, n° 39).

[14] 1184 : Anno MCLXXXIV, Philippus comes Flandriæ de Hispaniæ finibus sibi sumit uxorem Mathildem filiam regis Portugalensium. (Recueil des historiens des Gaules, t. XVIII, p. 569. Ex Andrensis Monasterii Chronico).

1201 : Interim autem Flandriæ quondam comitis Philippi uxor et comitissa Theresia apud suos Portugalos, apud nos Mathildis, cognomento Regina dicta..... sed cum Regina...... Reginæ..... ipsâ Reginâ.... (t. XVIII, p. 587. Ex Lamberti Ardensis Presbyteri Historia comitum Ghisnensium cap. CLIII.)

1217 : Mathildis etiam quondam Flandriæ comitissa.... et Regina nominata... moritur (t. XVIII. p. 577. Ex Andrensis Monasterii Chronico).

[15] 1° REGINA, *Regis filia : nam is olim titulus attributus Regum filiabus.... 2° REGINA, Regis uxor...* (*Glossarium... du Cange....* t. 5, pp. 670-671. Parisiis. Didot, 1845).

Mabillon a fait la même remarque (De re diplomatica, lib. 2, cap. VI. Lut. Par. M.DC.LXXX.I. p. 89.). Ducange, après avoir énuméré quelques filles de rois dont les exemples ne sont pas tous utilisables. cite à propos de la comtesse de Flandre les textes de Guillaume le Breton, de Lambert d'Ardres et de Gilles d'Orval. Celui qu'il attribue à Rigord est également de Guillaume le Breton.

Déjà, dans la Grèce primitive, le titre de Βασιλεία appartenait, non seulement à la femme, mais aussi à la fille du roi selon le témoignage qu'en donne l'Odyssée (*Louis Bréhier*. La royauté homérique et les origines de l'Etat en Grèce, *Revue historique*, 29ᵉ année, t. 85, I., p. 1., mai-juin 1904. Paris, Alcan. — Odyssée, VI, 115).

[16] ....ipsa vetula comitissa Flandriæ, Hispana genere. matertera ipsius Ferrandi, filia Regis Portugalensis unde et Regina comitissa appellabatur. (Rec. des hist. des Gaules, t. XVII, p. 102, Guillelmus Armoricus : de Gestis Philippi Augusti.).

> Interea comitissa senex quæ Portigalensis
> Filia Regis, ob hoc solum Regina vocata est.

(Rec. des hist. des Gaules, t. XVII, p. 251, Guillelmi Britonis, Philippidos liber X vers 546-547).

.... *ad relictam Philippi comitis comitissam : Regina enim a quibusdam dicebatur,* QUIA FILIA REGIS ERAT *et pro fratre suo minusfirmo regnum patris tenuerat in Hispaniis* (Recueil des historiens des hist. des Gaules, t. XVIII, p. 640. *Ex Algidii Aureæ-vallis monachi historia Leodiensium episcopi cap. 57*).

Le 25 janvier 1100, le roi d'Espagne Alphonse parait suivi de ses deux filles Urraca et Tarrasia mariées, la première au comte de Galice Raymond et la seconde au comte de Portugal Henri : « ego Adefonsus, Dei gratià, Toletani imperii rex et magnificus triumphator...... Adefonsus, Dei gratià, totius Ispanie imperator... Raimundus totius Gallecie comes et gener regis confirmat. Urraca soror regis conf. Urraca regis filia et Raimundi comitis uxor conf. Enricus Portugalensis comes conf. Uxor ipsius Tarrasia filia regis conf. » (Chartes de Cluny, n° 3735).

Le 23 juin 1124, Urraca et le 23 mai 1127, Tarrasia femmes de ces deux comtes portent le titre de reine, comme filles du roi Alphonse : ces deux textes sont positifs : « ego, infans domina Sancia, nobilissimi comitis domini Raimundi et Urrace regine filia » (*Cluny*, n° 3970). « ego Tarasia, regina, domini Adefonsi, Yspaniarum imperatoris filia » (*Cluny*, n° 3995).

[17] Voici une série de textes relatifs à la Reine Mahaud, à son fils Guigues-Dauphin (1110-1142) et à son petit-fils le comte Guigues Dauphin (1142-1162), au sujet de leurs noms :

1105. Ego Gigo comes, precibus Maieudæ Reginæ.... domina Maieuda Regina.... (Ulciensis ecclesiæ chartarium, n° 178, p. 154.)

1106. Dominus Vuigo comes et uxor ejus Regina, quæ fuit de Anglia... (Cartulare monasterii... de Domina... Lugduni, 1859, n° 17, pp. 19-22).

1107. .....coram Regina, uxore domini Vuigonis comitis... (*Ibid.*, n° 18, pp. 22-23).

1107. Cum dominus Vuigo comes.... in præsentia dominæ Reginæ. uxoris domini Vuigonis comitis... (*Ibid.*, n° 33, pp. 37-38).

31 octobre 1110. Ego Guigo comes et uxor mea Regina, nomine

Maheldis.... Signum Guigonis comitis qui hanc donationem fecit. Signum Maheldis regine que hanc donationem fieri jussit et laudavit..... Hanc donationem quam fecerunt Guigo comes et Maheldis regina uxor sua, donaverunt et laudaverunt similiter filii eorum Guigo dalfinus et Umbertus (Arch. départ. de l'Isère. H. Grande Chartreuse, Chalais, *original;* — Cartulaire de Chalais. Em. Pilot de Thorey. Grenoble, 1879, n° 1, pp. 13-15).

Gap, 30 avril 1112/3. ...Matelda.... (Paul Guillaume. St-Martin de Gap, § 25).

1111-1113. Ego Uuigo comes et uxor mea nomine Mahiot (Cart. de Chalais, pp. 16-17, n° 2).

5 septembre 1116. « ...uxor ejus Maelda laudavit.... Postea laudaverunt filii comitis Guigo et Umbertus » (Cartulaire de l'église cathédrale de Grenoble. J. Marion. Cartulaire C. n° LXXXI, pp. 229-231).

Avant 31 décembre 1125.... uxor domini comitis, domina Regina (Cart. de Domina, pp. 23-24, n° 19).

Av. 21 décembre 1125, « domni Guigonis comitis.... ante reginam, uxorem suam.... regina præcepit. » (Ulsiensis ecclesiæ chart. n° 175, p. 152).

Av. 21 déc. 1125. « Ego Guigo comes filius Petronillæ.... uxorisque meæ Matildis.... Matildis r·g·na uxor ejus et filius ejus Humbertus Aniciensis ecclesiæ electus.... » (*Ibid.*, n° 227, pp. 186-187).

Av. 21 déce. 1125. « Guigo comes et Matildis uxor ejus.... laudaverunt Guigo Delfinus et uxor ejus et Humbertus Podiensis episcopus frater ejus. De dono Guigonis Delfini et uxoris ejus testes sunt Matildis mater ejus.... » (Cartulaire de l'abbaye N.-D. de Bonnevaux Ul. Chevalier. 1889, n° 228, p. 95 et n° 429, p. 163).

Av. 21 déc. 1125. « Guigo comes et Matildis uxor.... Matildis regine. » (*Ibid.*, n° 431, pp. 166-168).

20 mars 1125. « nobilis industrie comes Guigo de Albione concessione uxoris Mathildis regine obtulit. » (Cart. de Chalais, n° 5, pp. 20-22; Jaffé, 2° éd. n° 7191).

29 avril 1134. « et Guigonem Dalphinum.... Guigo Dalphinus.... Guigone Dalphino... inter Guigonem Dalphinum filium Guigonis comitis.... ego Guigo Dalphinus comes Albionensis.... Signum ipsius Guigonis comitis.... (Cartulaire de l'église de St-Barnard de Romans, pp. 217-218, n° 283).

1134. « comes Guigo Delphinus animo ferus, armis validus... comitem G. Delphinum... comes Guigo Delphinus... comitem G. Dalphinum..... (*Ibid.*, pp. 218-220, n° 285).

31 août 1135. Guigo Dalfinus. (Epistolæ pontificum romanorum ineditæ. S. Lœwenfeld, n° 180, pp. 90-91. Jaffé, 2° éd. n° 7726).

28 juin [1142]; Guigo Dalphinus comes (Nécrologe de Saint-Robert de Cornillon; C.-U.-J. Chevalier. Acad. delphinale, Doc. inédits relaitfs au Dauphiné, 2° vol., 4° livr., p. 29).

1125-1142. « ego Guigo Delphinus... quas pater meus Guigo comes..... » (Cart. de Dominâ, pp. 15-16, n° 13).

1146-1147. « Regina Matildis habebat.... Guigo comes filius Guigonis Delfini cum matre sua donavit. » (Cart. de Chalais, pp. 35-36, n° 18).

1150. « Guigone Delphino. » (Cart. de l'église de St-Barnard de Romans, p. 223, n° 294).

1132-1150. « Guigo comes qui vocatur Delfinus... testimonio regine diffiniretur... capellani regine.... » (Cart. de l'Egl. Cath. de Grenoble, pp. 243-245. Cart. C. n° CXXII).

13 janvier 1155. « fidelis noster Guigo Delfinus, comes Gratianopolitanus. » (Arch. de l'Isère B. 3162 *original*).

1210. « Ego Dalfinus comes... quod Guigo comes de Albione peravus meus et regina uxor illius nomine Maltildis et Guigo Dalfinus filius eorum donaverunt. » (Cart. de Chalais, pp. 59-60, n° 34).

15 août 1223. « Andreas Delphinus comes Albionis et palatinus Vienne... Guigo comes de Albione et uxor ejus, nomine Matildis, genere Regina. » (*Ibid.*, pp. 67-69, n° 39).

7 juillet 1155. « fidelis noster Gygo Delfinus, comes Albionensis... » (Arch. départ. de l'Isère B. 3162, *pseudo-original* du XIII° siècle).

Cette suite qui pourrait s'étendre encore est suffisante pour indiquer l'allure générale des textes : elle donne les plus caractéristiques.

[15] — « Duxit autem in uxorem... Adelam propria appellatione vocatam... Christianam nuncupatam... ex quâ... suscepit jamdictus... Balduinus famosissimæ nobilitatis sobolem Robertum videlicet qui, ut tunc temporis erat consuetudo et adhuc plerumque tenetur, binomius erat sed suppressa vocationis proprietate, invalescente usus assuetudine, dictus est Manasses, postea Ghisnensis comes... » (Rec. des hist. de la Gaule, t. XI, p. 298. Ex historia comitum Ardensuim, Lamberti Ardensis cap. 25).

— « Robertus itaque filius ejus qui, invalescente usu, sicut jam diximus, nuncupative quoque dictus est Manasses..... comes autem Manasses...... (*Ibid.*, t. XIII, pp. 425-426. Ex Lamberti Ardensis historia Ghisnensium comitum, cap. 33-35).

— « mortua est venerabilis comitissa Adela uxor fundatoris et... in capitulo tumulatur. Evolutis postmodum circiter annis septem nobilissimus Balduinus comes senex... migravit ad dominum et juxta uxorem suam honorifice sepelitur. Post cujus mortem Manasses filius ejus qui et Robertus a Roberto Flandriæ comite sic vocatus.... Ego Manasses Dei gratia Gisnensium comes.... » (Spicilegium... Lucæ d'Achery... nova editio... T. II. Parisiis, in-f° 1723, p. 785. Chronicon Andrensis monasterii... auctore Guillelmo Abbate.)

Il s'agit de Robert-Manassé, comte de Guines (1092 † 1137), nommé Robert par Robert le Frison comte de Flandre, probablement à sa naissance, et par suite, à son baptème, Manassé.

[16] *H. Grisar*. Analecta Romana. Roma, Desclée, 1899, vol. 1, p. 106.

* Ainsi, par exemple, Lambert-Baudry, comte de Louvain (1038 † 1053). — De même, l'Empereur Conrad-Henri IV (né à Goslar le 11 novembre 1050, roi de Germanie le 17 juillet 1054, empereur le 5 oct. 1056, couronné le 31 mars 1084 † le 7 août 1106) : Imperatori filius Heinricus postea dictus nascitur, prius Konradus nominatus (Ann. August. 1050; Script. t. III, p. 126). Fils de Henri III et d'Agnès de Guyenne, Conrad-Henri-IV reçut à sa naissance le nom de son grand-père Conrad II. Celui de Henri ne doit pas être un surnom de baptême, mais le nom de règne reçu en devenant roi de Germanie.

^{ᵉᵗ} Textes diplomatiques :

 1° 17 décembre 924. « Poncii comitis... Signum Poncii comitis et marchionis. » (Hist. de Languedoc, nouv. éd. t. 5, n° 50-XLIX, coll. 147-150).

 2° mars 932. « Raimundo comiti..... S. Raimundi comitis. » (Hist. de Languedoc, nouv. éd. t. 5, n° 55-LIV, § III, coll. 157-158).

 3° 11 mars 933. « Domino Pontione comite seu et marchione ..... S. Pontione comite et marchione... » (Ib., t. 5, n° 57-LVI, c. 160-161).

 4° 17 janvier 936. « Poncio comes et marchio..... Signum Poncio comes et marchio... (Ib., t. 5, n° 68-LXIV, col. 176).

 5° 28 août 936. Princeps Aquitanorum Raimundus... Signum Raimundi ducis Aquitanorum, cui aliud NUTU DEI nomen est Poncii. » (Cart. de Brioude par Doniol. n° 337, pp. 343-347).

 6° novembre 936. « Ego Poncius, gratia Dei comes Tolosanus, primarchio et dux Aquitanorum. » (Hist. de Languedoc, nouv. éd. t. 5, n° 67-LXIII, col. 173-175).

 7° 937-938. « Ego Raimundus qui et Poncius, primarchio et dux Aquitanorum.... sancto Pontio glorioso martyri ob cujus nomen sic et ipse vocor..... Signum Raimundi... ducis. » (Ib., t. 5, n° 69-LXV, c. 176-179).

 8° 4 avril 930... « quidam illustris vir ac dilectus comes seu marchio Raimundus. » (Ib., t. 5, n° 73-LXVIII, c. 183-185).

 9° août 940. « Domnus Pontius dux Aquitanorum et comes Tolosanus... Signum domni Pontii ducis Aquitanorum et comitis Tolosani. » (Ib., t. 5, n° 74-LXIX. § 1, c. 185-187).

 10° 5 mai 951. « D. Raymundi marchionis. » (Ib., t. 5, n° 91-LXXX, c. 211-213).

Textes historiques :

 . « Raimundus Aquetaniorum princeps. » (Luidprandi Antapodosis — lib. V, § 31. Scrip. rer. german. in usum

scholarum, ed. altera Ern. Dümmler. Hannoveræ 1877,
pp. 116-117).

Textes diplomatiques :

1° Vienne. 3 juin 924. « dilectissimus filius noster Karolus... » (Recueil des Chartes de l'abbaye de Cluny... Al. Bruel, t. I, pp. 233-234, n° 242).

2° 926-928. « inclitus filius noster, Karolus comes — (d° t. I, pp. 238-239, n° 247).

3° janvier 952. « ego Karolus comes..... Signum Karoli comitis. » (d° t. I, pp. 748-749, n° 797).

4° mai 958. « S. Karolo comite qui ista inpicnoracione consensit. » (d° t. 2, pp. 141-142, n° 1047).

5° avril 960. « S. Constantioni..... S. domni Karoli comiti. » (d° t. 2, pp. 177-178, n° 1084).

6° janvier 962. « S. domni Karoli comitis. » (d° t. 2, pp. 213-214, n° 1122).

7° 19 mai ap. 962 (?). « ego Karolus comes — S. Karoli comitis qui hanc donationem fieri et firmare rogavit. » (d° t. 2, pp. 186-187, n° 1094).

Textes historiques :

1° 931. « Rodulfus rex Viennam profectus. Karlo Constantino Lucdowici Orbi filio qui eam tenebat... » (Mon. Germ. histor. Scriptor. t. III, p. 379; Flodoardi annales a. 931).

2° 941. « Ludowicus rex a Karlo Constantino in Vienna recipitur. » (d° Script. t. III, p. 388. Flodoardi Annal. ann. 941).

3° 951. « Karlus Constantinus Viennæ princeps... » (d° Script. t. III, p. 400. Flod. Ann. ann. 951).

4° 951. « occurrit ei Karolus Constantinus Viennæ civitatis princeps (d° t. III, p. 609. Richeri Histor. lib. II, § 98).

Textes diplomatiques :

1° Compiègne 974. « venerabilis dux Burgundiæ Henricus. » (Rec. des hist. de France, t. 9, p. 637. Cart. gén. de l'Yonne, Quantin, 1er vol., n° 75, pp. 145-146).

2° 11 octobre 994. « Ducis Burgundiæ Henrici nomine. » (Rec. des hist. de France, t. 10, p. 562. Cart. gen. de l'Yonne, Quantin, 1er vol. n° 82, pp. 157-159).

3° Châons, mai 999. « Aeinrici ducis..... Signum Ayurici ducis. » (Rec. des Ch. de Cluny, Bruel, t. 3, pp. 562-566, n° 2484).

4° Auxerre, vers 1002. « gloriosi avunculi nostri domni Henrici ducis Burgundiæ. » (Rec. des hist. de France, t. 10, p. 579. — Cart. gen. de l'Yonne, Quantin, t. I, n° 84, pp. 160-162).

Textes historiques :

1° 965. « Oddonem clericum. » (Mon. Germ. histor. Script. t. III, p. 406. Flodoardi Annal. ann. 965).

2° . « Ainricus frater ejus Ducatum suscepit Burgundiæ. » (Rec. des hist. de France, t. 8, p. 237. Ex chronico Odoranni. — Les derniers Carolingiens par Ferd. Lot., p. 50, note 2).

3° nobilissimus Burgundiæ Dux Henricus. » (Rec. des hist. de France, t. 10, pp. 12-13. Glabri Rodulphi Historiarum liber II, Cap. I.).

4° 1002. « moritur in Burgundia Dux Henricus. » (d° t. 10, p. 20. Glabr. Rob. Hist. lib. II, Cap. 8).

5° 1002. « Anno MII obiit Ainricus Dux Burgundiæ. » (d° t. 10, p. 165. continuatio Chronici Odoranni).

Textes diplomatiques.

1° Mâcon, 971-986. « ante domnum Ottonem comitem... Otto comes... » (Cart. de St-Vincent de Mâcon. M.-C. Ragut. Mâcon, 1864, n° 409, p. 236).

2° 987-996. « S. Ottonis comitis. » (d° n° 272, p. 163).

3° Mâcon, 2 septembre 994. « S. Otto comes. » (Rec. des Ch. de Cluny, Bruel, n° 2265, t. 3, pp. 395-397).

4° Cluny, 24 octobre 996-23 octobre 997. « Signum Wilelmi comitis. » (d° n° 2311, t. 3, pp. 434-435).

5° 6 mars 997. « S. Wilelmi comitis. » (d° n° 2387, t. 3, pp. 484-485).

6° Mâcon, 997-1007. « ante presentiam domni Willelmi comitis. » (d° n° 2406, t. 3, pp. 497-498).

7° Châlons, mai 999. « S Ottonis comitis. » (d° n° 2484, t. 3, pp. 562-566).

8° mars 1002. « ante presentiam Willelmi comitis. » (d° n° 2552, t. 3, p. 617).

9° 28 octobre 1019 (?). « Ego Ottho cognomento Willelmus... Ottho Wilelmus comes... » (Bibliotheca Sebusiana... Guichenon. Lugd. 1660. Centusia II, cap. XXX, pp. 292-294).

10° vers 1020. « Ego Otto cognomento Willelmus, comes... Signum Ottonis cognomento Willelmi comitis. » (Rec. des Ch. de Cluny. Bruel, t. 3, pp. 759-761, n° 2736).

11° vers 1020. « filia Ottonis cognomento Willelmi comitis Matisconensis... patris ejus Willelmi. » (d° t. 3, pp. 765-766, n° 2742).

12° Dijon, 2 novembre 1023. « Notum sit fidelibus cunctis sacro lavacro regeneratis... quod Otto comes qui nominatur Willelmus gratia suç redemptionis... in presentia Raynaldi comitis filii supradicti Willelmi... » (d° t. 3, pp. 807-808, n° 2782).

13° vers 1040. « usque dum Otto cognomento Willelmus...
idem comes Willelmus...... Willelmo. » (Rec. des hist.
Gaules, t. XI. pp. 612-613. Histoire des ducs de Bourgogne par E. Petit. t. 1ᵉʳ, pp. 368-370, n° 27).

14° 1107. « et ipse Rainaldus filius alterius Willelmi » (Rec.
des Ch. de Cluny. Bruel. t. 5, pp. 211-213, ns 3862).

Textes historique :

1° Otto comes cognomento Willelmus successor Henrici
ducis..... Otto comes cognomento Willemus quem
ante... idem comes Otto... millesimo quarto... et
Ottonem (qui et Willelmus dictus) comitem..........
Eo tempore mortuus est Otto qui et Willelmus dictus
est comes anno videlicet millesimo vigesimo septimo
.... Rainaldus comes dedit.... pro requie
animæ patris sui Ottonis vocati Willelmi...... millesimo vigesimo sexto post mortem Willelmi comitis qui
ipso anno obiit. (Spicilegium... D. Lucæ d'Achery....
nova editio, t. II, Parisiis MDCCXXIII, pp. 382, 387,
388, 391 et 394, Chronica S. Benigni Divionensis).

2° Guillelmum Ottonem..... Guillelmus Otto.... Guillelmi Ottonis... comes Otto Guillelmus..... Otto Guillelmus... » (Rec. des hist. des Gaules, t. 10, p. 287. Ex
Chronico Alberici monachi Trium Fontium, anno MII,
anno MV.).

¹ Textes diplomatiques :

1° 1018. « Ego... et filii mei Vuilelmus et Fulco, sive
Josfredus. » (Saint-Victor, t. I, pp. 253-254, n° 226).

2° 1018. « Wilelmus, filius Vilelmi comitis f. Fulco frater
ejus (d° t. I, pp. 626-627. n° 630).

3° 1019. Ego Gisberga c mitissa una cum filiis meis Willelmo, Fulcone Bertranno, Gaufredo (Ruffi, Dissertation
pp. 21).

4° 1019. « Willelmus. filius comitis Willelmi f. Fulco frater
ejus (d° t. I, pp. 641-642, n° 649).

5° 1030. « Ego Bertrannus comes Provincie. » (d° t. 2,
pp. 21-22, n° 681).

6° Sarrians. 19 mai 1037. « Nos.... comites Provincie
G. atque Bertrannus. » (Rec. des Ch. de Cluny. Bruel,
t. 4, p. 116, n° 2916).

7° 1037. « Bertrannus comes. » (Histoire de Montmajour
par Chantelou, publiée par la Revue histori ue de Provence sous la direction du baron du Roure, 1ʳᵉ année,
1890-1891, p. 134).

8° 23 avril 1040. « Bertrannus comes. » (d° pp. 136-137).

9° Marseille, 5 octobre 1040. « principibus G. et Bertranno. » (Cart. de St-Victor, t. I, pp. 14-18, n° 14).

10° Montmajour, 1040. « Bertrannus comes. » (Hist. de Montmajour, p. 138).

11° Montmajour, 1040. « Bertrannus inclytus comes. » (d° pp. 138-139).

12° 1044. « Bertrannus auctore Deo marchio sive comes Provincie. » (Cart. de St-Victor, t. 2, pp. 1-6, n° 659).

13° 1020-1044. « Bertrannus comes. » (Hist. de Montmajour, pp. 134-135).

14° mars 1044. « Bertrannus comes. » (d° pp. 135-136).

15° 12 avril 1020-1044. « Bertrannus comes. » ((d° pp. 137-138).

16° 1020-1044. « de Guilelmo Bertranno. » (d° p. 156).

17° 1020-1044. « Guilelmus Bertrannus. » (d° pp. 156-157).

18° 1020-1044. « Ego G. et frater meus Guilelmus Bertrannus. » (d° p. 157).

19°   . « Ego G. et ego G. comites et fratres filii Guillelmi III cognomento Bertrani. Arelatensis comitis.... pater noster Bertrannus. » (Hist. de Montm., pp. 190-191).

Pas de textes historiques.

26 Textes diplomatiques :

1° Tonnerre, 29 septembre 1046. « regnante filio ejus Hugone..... Signum Hugonis qui et Raynardi vocatur comitis. » (Cartulaire général de l'Yonne... par Max. Quantin, 1ᵉʳ vol. pp. 180-182, n° XCIV, Auxerre, 1854).

2° Bèze, 17 mars 1066 (et non le 18), « præsul nomine Rainardus cognomento Hugo. » (Hist. des ducs de Bourgogne de la race capétienne. Ern. Petit, t. I, pp. 383-385, n° 40, Dijon, 1885).

3° Langres, 1068. « Ego Rainardus..... Lingoniensis ecclesiæ pontificali cathedra sublimatus. » (Gall. Christ. t. IV, instr. eccl. Lingonensis, n° XXI, col. 145).

4° Langres, 1068. « me Rainardum. » (d° col 146, n° XXII).

5° Langres, 1072. « ego Rainardus, Dei gratiâ Lingonensis episcopus..... S. domni Rainardi episcopi. » (d° col. 147-148, n° XXIII).

6° 1075. « Rainardo... dioc. Lingonensem gubernante. » (Hist. des ducs de Bourgogne. Petit, t. I, pp. 386-387, n° 42).

7° 25 décembre 1083. « Rainardi ecclesie Lingonensis presulis. » (d° t. I, pp. 398-399, n° 62).

8° Langres, 1083. « Ego igitur Rainardus Dei gratiâ Lingonensis episcopus. » (d° t. I, pp. 399-400, n° 63).

9° 1084. « Ego Raynardus, Dei gratiâ sancte Lingonensis ecclesie episcopus. » (d° t. I, pp. 402-404, n° 70).

10° 1081-1086. « Rainardo presidente Lingonis episcopo. » (d° t. I, pp. 395-397, n° 60).

Textes historiques :

> 1065. « Rainardus cognomento Hugo. » (Mon. Germ. hist.
> Script. t. II, p. 249. Annales Besuenses).

ᵃˢ Textes diplomatiques :

> 1° av. 1040. « S. Guidoni comitis fratris ejus. » (Cartulaire
> de l'abbaye... de la Trinité de Vendôme par l'abbé
> Ch. Métais, t. I, pp. 42-44, n° XXII, Paris, 1893).

> 2° juin 1043. « Gozfridi — S. Gozfridi. » (Archives histo-
> riques du Poitou, t. II. Cartæ pictavenses mon. St. Flo-
> rentii Salmurensis, pp. 89-90, n° LXX. Poitiers 1873).

> 3° 1043. « Signum Gauzfredi. » (d° pp. 85-87, n° LXVIII).

> 4° vers 1044 (et non vers 1031). « Gauzfredus. » (Rec. des
> Ch. de Cluny, Bruel, t. 4, p. 54, n° 2855. Positions
> des thèses de l'Ecole des Chartes, 1887, de Grandmai-
> son, p. 52).

> 5°-11° 1041-1044. « Gosfredus » ; « Gaufredi » ; « Goffredo » ;
> « G. » ; « Gosfredo » ; S. Goffredi » ; S. Gauzfredi » ;
> « Goffredo » ; « S. Goffredi. » (Archives historiques
> du Poitou, t. XVI. Chartes et documents... de l'ab-
> baye de St-Maixent — Alf. Richard, t. I, n°ˢ 96, 97,
> 99, 101, 102, 103, 105, pp. 118-119, 120-121, 123-125,
> 126, 126-128, 128-129, 130-131. Poitiers, 1886).

> 12° 21 août 1044. « germanus illius nomine Wido.... S.
> Widoni fratris ejus. « (Arch. histor. du Poitou, t. XVI.
> Chartes de St-Maixent, t. I, n° 107, 132-133).

> 13° 20 décembre vers 1045. « Gauzfrido. » (d° n° 108, pp.
> 134-136).

> 14° 1039-1048. « Goffredus. » (Gall. Christ. t. 2, instr. eccl.
> Pirtaviensis col. 342, n° 24).

> 15° 1045-1049. « Comes Pictavis Guido, primum tunc tem-
> poris dictus Gauffridus. » (Arch. histor. de la Sain-
> tonge et de l'Aunis, t. XXII. Cart. saintongeais de la
> Trinité de Vendôme par l'abbé Ch. Métais, n° XIV, pp.
> 40-43, Paris, Picard, 1893).

> 16° vers 1046. « S. Gauffredi. » (Arch. hist. du Poitou,
> t. XVI, n° 110, pp. 138-139).

> 17° Saintes. 1047. « S. Gaufredi comitis. » (Gall. Christ.,
> t. 2, instr. eccl. Sanctonensis, n° 25, vol. 478-481).

> 18° vers 1050. « Gaufrido. » (Arch. hist. du Poitou I. Cart.
> monast. Sti-Nicolai Pictav., n° 13, p. 24).

> 19° 1051. « Goffredo — S. Goffrldi. » (Arch. hist. du Poitou,
> t. XVI, n° 113, pp. 141-142).

> 20° 1039-1054. « Gauzfridi. » (Arch. hist. du Poitou, t. II,
> n° LXXI, pp. 90-93).

> 21° Poitiers, 12 mai 1054. «Gausfrido. » (d° t. II, n° LXXII,
> pp. 93-95).

22° St-Jean-d'Angély, 1047-1058. « Guidone...— Signum
domni Guidonis. » (Gall. Christ. t. 2, instr. eccl. Sancton.
n° 14, col. 467).

23°. 1039-1058. « Gaufrido. » (Arch. hist. du Poitou I. Cart.
monast. S. Nicolai pictaviensis n° 1, pp. 5-8. Poitiers,
1872).

24° novembre 1058. « favente W°. comite, duce atque abbate
suo. Signum + Widonis quem Gausfridum cognominâ-
bamus abbatis nostri. Actum... Aquitanie duce Widone. » (Mémoires de la Soc. des Antiq. de l'Ouest, 1847.
Doc. pour l'hist. de l'église St-Hilaire de Poitiers, n° 81,
pp. 88-89, Poitiers, 1848).

25° fin 1058. « Guillelmo etiam Pictavorum comite noviter
defuncto fratreque suo Guidone jamin comitatu subli-
mâto. » (Cart. de l'abbaye cardinale de la Trniité de
Vendôme par l'abbé Ch. Métais, t. I, n° CXX, pp. 216-
217, Paris, 1893).

26° ..... « Guidone jam in honore successo. » (d° n° CXXI,
pp. 218-219).

27° avril 1059. « Signum Widoni comitis. » (Gall. Christ.
t. 2, instr. eccl. Pictav. n° 24, col. 342. — Arch. hist.
du Poitou, t. XVI, n° 116, pp. 144-147).

28° ...... « Widone duce. » (Gall. Christ. t. 2, instr. eccl.
Pict. n° 24, col. 342).

29° vers 1060. « Ego Gauffredus Aquitanorum dux. » (Arch.
hist. du Poitou I. Cart. mon. Sti Nicolai pictav., n° 11,
pp. 22-23).

30° 1060-1061. « Widone duce... S. Wuidoni cimitis. »
(Arch. hist. du Poitou, t. XVI, n° 117, pp. 147-148).

31° 13 mai 1061 et 1066. « Signum Wuidonis ducis... dux
Pictavorum Wido. » (Arch. hist. du Poitou, t. XVI,
n° 118, pp. 148-150).

32° 1064. « Widonis ducis. » (d° n° 119, pp. 150-152).

33° 1067. « Comitis Gosfridi... abbatis... Signum Gosfridi +. » (Mém. de la Soc. des antiq. de l'Ouest, 1847-
n° 83, p. 90).

34° 1058-1068. « Ego Aquitanorum gratia Dei Dux Gaufridus. » (Arch. du Poitou I, Cart. mon. Sti Nicolai Pict.,
n° 5, pp. 12-14).

35° 1059-1068. « Comes Goffridus... S. Goffridi comitis. »
(Arch. du Poitou, t. XVI, n° 121, pp. 153-154).

36° 1068. « Guidonis Pictavorum comitis. » (Arch. hist. de
la Saintonge, t. XXII, n° XXIV, pp. 52-53).

37° mai 1068. « domini mei abbatis Goffridi videlicet Aquitanorum ducis... S. Goffridi ducis Aquitanorum. »

(Mém. de la Soc. des antiq. de l'Ouest, 1847, n° 84,
pp. 91-92).

38° 27 juin 1068. « G. et Gauffredus Acquitanorum duces
beatique Hilarii abbates... S°gnum Gauffridi Acquitanorum ducis. » (Arch. hist. du Poitou I, Cart. mon. Sti
Nicolai Pictav. n° 14 , pp. 24-26).

39° 1ᵉʳ août 1068. « in Aquitania principante strenuissimo
duce Guidone. » (dᵒ n° 30, pp. 35-36).

40° Surgères, 26 octobre 1068. « Guidonem Aquitanorum ducem. » (Arch. hist. dela Saintonge, t. XXII, n° XXIII,
pp. 50-52).

41° octobre 1068. « Guidonem Aquitanorum ducem. » (Gall.
Christ. t. 2, instr. eccl. Burdig. n° 9, col. 272-273).

42°-51° 10 mars 1069, 19 avril 1070, 1070, 1071, 1073, 27 juin
1074, 1075, 1076. « Guidone,... Guidone, Widone,
Guidone, Guidone, Widone, Widone, Widone, Guidone,
Widone. » (Arch. hist. du Poitou, t. XVI, nᵒˢ 123, 124,
125, 126, 127, 128, 130, 131, 132, 133, pp. 155, 156, 157,
158, 159, 159-160, 161-162, 162-163, 163-164, 164).

52° 1072. « Vuidone. » (Arch. hist. de la Saintonge, t. XXII,
n° XXVIII, pp. 54-55).

53° 1072. « prèsidente... Aquitanis duce Widone. » (Arch.
hist. du Poitou, t. II, n° LXXX, p. 116).

54° 1060-1073. « Willelmo comite. » (Arch. hist. du Poitou,
t. III, n° 362, p. 224).

55° 1073. « Ego Willelmus Pictavorum comes et Aquitanorum dux... Signum Willelmi Aquitanorum ducis +. »
(Gall. Christ. t. 2, instr. eccl. Sanctonensis n° 12, col.
466).

56s 1075. « ducis Aquitaniæ Gaufridi... Gaufrido duce
Aquitanensium. » (Gall. Christ. t. 2, instr. eccl. Sancton.
n° 19, col. 473-474).

57° 1075. « Guillelmus Pictavorum comes. » (Arch. hist. de
la Saintonge. t. XXII, n° 29, pp. 55-57).

58° vers 1075. « comes Gaufredus dux Acquitanorum. »
(Arch. hist. du Poitou I. Cart. mon. Sti Nicolai Pictav.
n° 39, p. 42).

59° vers 1075. « Signum Gaufridi Acquitanorum ducis. »
(dᵒ n° 40, p. 43).

60° 1076. « Ego Gaufridus Dei gratia Aquitanorum dux. »
(Gall. Christ. t. 2, instr. eccl. Malleacensis seu Rupel-
lensis, n° 5, col. 385).

61° 1076. « Willelmus dux Aquitanorum seu Guasconum. S.
Willelmi ducis Aquitanorum (dᵒ instr. eccl. Pictavensis,
n° 35, col. 354).

62°-81° 1076, 1077, 1078, 1079, 5 déc. 1080, 1080, 24 février

1080/1, 1081, 1082, 1085, 1086. » Gaufredo, Goffredo, Goffredo, Goffredo... Goffredi, Goffredo, Goffredo, Goffredus, Woffredo, Woffredo, Goffredum, Gofredo, Gofridus Gofredo, Gofredo, Gofredo, Gofredo, Gofredo, Gofredo, Gofredus, Gofredus, Goffredum. » (Arch. histor. du Poitou, t. XVI, n°ˢ 134, 135, 136, 138, 140, 143, 145, 146, 149, 150, 151, 152, 153, 154, 157, 160, 161, 162, 163, 164, pp. 164-165, 165-166, 166-168, 168-169, 171-172, 173-174, 175-176, 177, 179-183, 183-184, 184, 185, 185-186, 186-187, 190-191, 193-194, 194, 195, 196-197, 197-198).

82° 28 janvier 1077. « Ego Willelmus qui et Gausfredus dux Aquitanorum. » (Gall. Christ. t. 2, instr. eccl. Pictaviensis, n° 34, col. 351-352).

83° Poitiers, 9 octobre 1077. « S. Goffredi Aquitanorum ducis. » (Mem. de la Soc. des Antiq. de l'Ouest, 1847. Doc. pour l'hist. de l'Egl. St-Hilaire de Poitilrs, n° 90, pp. 96-97).

84° 1078. « Guido comes Pictavorum qui et alio nomine Goffredus vocabatur. » (Arch. histor. du Poitou, t. XVI, n° 139, pp. 169-171).

85° 23 mai 1078. « Vuido vene-abilis comes Pictavis. » (Arch. hist. de la Saintonge..., t. XXII, n° 34, pp. 60-63).

86° Poitiers, 4 septembre 1078. « ante ducem Aquitanorum Guidonem Gosfridum... dux Gosfirdus... ducis Gosfridi... Signum Guidonis Gaufredi ducis Aquitano-. » (Arch. hist. de la Saintonge... t. XXII, n° 33, pp. 58-60).

87° 1078-1079. « Ego Gaufredus gratia Dei Pictavensium comes et Aquitanorum dux. » (Mem. de la Soc. des Antiq. de l'Ouest, 1847. Doc. pour l'hist. de l'Eglise St-Hilaire de Poitiers, n° 92, pp. 99-100).

88° 1078-1079. « Goffredus dei gratia Dux Aquitanorum et abbas, quantum laïco licet, ecclesie beatissimi patroni nostri Hylarii... S. Goffredi Aquitanorum ducis. » (d° n° 91, pp. 97-99. — Gall. Christ. t. 2, instr. eccl. Burdigal. n° 8, coll. 271-272).

89° Bordeaux, 12 octobre 1079. « Willelmo nobilissimo Aquitanorum duce et comite Gasconiæ. » (d° n° 10, col. 273-274).

90° Poitiers, 13 janvier 1079/80 (?). « Gaufrido Aquitanorum duce... S. Gaufridi Aquitanorum ducis. » (Mem. de la Soc. des Antiq. de l'Ouest, 1847. Doc. pour l'hist. de 'Eglise St-Hilaire de Poitiers, n° 93, p. 101).

91° 1080. « S. Guillelmi Aquitanorum ducis... principante Aquitanorum duce Guillelmo. » (d° n° 94, pp. 102-103).

92°-95° vers 1080. « Guidone... Wido, S. Widonis... Guido...
(Arch. hist. du Poitou, t. III, n°ˢ 21, 34, 221, 322, pp.
24, 31-32, 143-144, 201).

96° Bordeaux, 6 octobre 1080. « S. Willelmi Aquitaniensis
ducis. » (Gall. Christ. t. 2, instr. eccl. Burdigal. n° 11,
coll. 274-275).

97° 5 décembre 1080. « Goffridus venerabilis comes et armi-
potens dux Aquitanorum. » (d° instr. eccl. Pictav. n° 9,
col. 332-333).

98° Saintes, 11 janvier 1081. « Ego Wilelmus Pictavensis
comes ac totius dux Aquitanie... sub Aquitanorum
comite Gaufredo Wilelmo... » (Rec. des Ch. de Cluny,
Bruel, n° 3580, t. IV, pp. 715-716).

99° 4 février 1083/4 (?). « S. Gofredi... Goffredo duce
Aquitanorum. » (Mém. de la Soc. des Antiq. de
l'Ouest, 1847. — Doc. pour l'hist. de l'Eglise St-Hilaire
de Poitiers, n° 96, pp. 105-106).

100° 1085. « Guillelmo. » (Arch. hist. du Poitou, t. XVI,
n° 158, pp. 191-192).

101°-102° vers 1085, 1087-1115. « S. Willelmi... W°. »
(Arch. hist. du Poitou, t. III, n°ˢ 442, 252, pp. 277-278,
163-164).

103° 1086. « Dux... Acquitanorum Gauffredus. » (Arch. hist.
du Poitou, t. I. Cartul. monast. Sti Nicolai Pictav., n° 6,
pp. 14-17).

104° 1086. « Gauffredus dux Aquitanorum. » (Arch. hist. du
Poitou I. Cart. mon. Sti Nicolai Pictav., n° 7, pp. 17-18).

105°-109° 1073-1087. « Willelmus... S. Willelmi; Willelmus...
S. Willelmi; Willelmo; Willelmi; Willelmus. » (Arch.
du Poitou, t. III, n°ˢ 18, 20, 200, 224, 511, pp. 22-23,
22-24, 131, 145-146, 309).

110° vers 1090. « Gauffredus dux Acquitanorum. » (Arch. hist.
du Poitou I. Cart. mon. S. Nicolai Pictav., n° 8, pp.
18-19).

111° vers 1110. « comite Willelmo qui et Guiod. » (Arch. hist.
du Poitou, t. III. Cart. de l'abbaye de St-Cyprien de
Poitiers, n° 43, pp. 43-47, Poitiers, 1874).

Textes historiques :

1° Guido Pictavorum comes... » (Chroniques des églises
d'Anjou par MM. P. Marchegay et E. Mabille, p. 189.
Breve Chronicon Sti Florentii Salmurensis...)

2° « Guidone. » (ds p. 293. Historia Sti Florentii Salmurensis).

3° « Gaufredum qui et Wido vocatus est... Gaufredo...
Goffredus... Gosfredi comitis... Goffredus dux...
Gaufredo duce... Goffridus dux... Guidone comite...

Guido comes... Gaufredi comitis... Guidonis comitis
ducis Pictavorum... Goffredo duci... » (d° pp. 388,
393, 400, 401, 402, 403, 404, 405. Chronicon Sti Maxentii
Pictavensis. — Histoire des comtes de Poitou et ducs
de Guyenne. Jean Besly, p. 340. Paris, Bertault, 1647.
Ex. Ms. Chornic. Malliac, 1023).

* Textes diplomatiques :

1° Blois. 1061. « Henricum. » (Histoire de l'église de Meaux,
Toussaints du Plessis, t. 2, p. 8. Pièce justificative n° XI.
— Histoire des ducs et des comtes de Champagne, par
H. d'Arbois de Jubainville, t. I, pièces justificatives,
n° XLVIII, p. 487).

2° 26 janvier 1065. « Henricus. » (Gall. Christ. t. XIV, col.
204. — Hist. des ducs... de Champagne... H. d'Arbois
de Jubainville, t. I, pp. 392-393, note 5).

3° Reims, 1074. « Stephani. » (Hist. de l'église de Meaux,
par D. Toussaints du Plessis, t. 2, n° XIII, p. 9. —
Hist... de Champagne... d'Arbois de Jubainville, t. I,
n° 51, pp. 489-490).

4° Sens, 1075-1076. « Signum comitis Stephani filii ejus. »
(Promptuarium sacrarum antiquitatum Tricassinæ dio-
ceseos... Camusat, f°ª 169 v°-170 r°. — Hist.... de
Champagne... d'Arbois de Jubainville, t. I, n°ª 52,
pp. 490-491).

5° Orléans, 1076-1077. « domnus Stephanus. » (Hist.... de
Champagne... d'Arbois de Jubainville, t. I, n° 54,
pp. 493).

6° Orléans 1077. « Stephani Campaniensis comitis. » (Annales ordinis Sti Benedicti... Mabillon, t. 5, p. 115. —
Histoire..... de Champagne... d'Arbois de Jubainville, t. I, p. 396).

7° 1077-1079. « Signum Stephani comitis. » (Cartulaire de
St-Père de Chartres... Guérard, t. I, p. 158, cap. XXXI,
— Hist.... de Champagne... H. d'Arbois de Jubain-
ville, t. I, n° 55, pp. 493-494).

8° 1077-1081. « Stéphanus... Signum... comitis Stephani. » (Gall. Christ. t. VIII instr. eccl. Meldensis,
n° 2, col. 548. — Hist. de l'église de Meaux par D.
Toussaints du Plessis, t. 2, n° 12, pp. 8-9. — Hist....
de Champagne, par H. d'Arbois de Jubainville, t. I,
p. 392, note 5; pp. 494-495, n° 56).

9° 25 décembre 1077-1081. « S. Stéphani comitis. » (Hist.
de l'église de Meaux par D. Toussaint du Plessis, t. 2,
n° 27 p. 19. — Histoire... de Champagne... H. d'Arbois de Jubainville, t. I, n° 57, pp. 495-496).

10° 1081, et 1085. « nobilis comes Stephanus Henricus...

comes Stephanus Henricus... comes Henricus Stephanus... comitissa uxore Stephani comitis... Stephani
Henrici comitis dapifer... Stephano Henrico... sub
patre suo Theobaldo consulatum suum optime regente. »
(Promptuarium... Camuzat, f°ˢ 372 v°-373 r°. — Histoire... de Champagne... d'Arbois de Jubainville, t. I,
n° 60, pp. 499-500).

11° 1082. « Stephani comitis. » (Hist. de l'église de Meaux,
par D. Toussaints du Plessis, t. 2, n° 17, pp. 11-12. —
Histoire... de Champagne, t. I, p. 396).

12° 1082. « comes Stephanus. » (Hist... de Meaux, par D.
Toussaints du Plessis, t. 2, n° 18, pp. 13-14. — Histoire... de Champagne... par H. d'Arbois de Jubainville, t. I, p. 396).

13° 9 janvier 1083. « Stephani. » (De re diplomatica... Mabillon... 3ᵃ editio... Ioh. Adimari, t. I. Neapoli, 1789,
pp. 607-608, n° CLX. Histoire... de Champagne... H.
d'Arbois de Jubainville, t. I, n° 59, pp. 497-499).

14° ap. 1084. « S. Henrici cimitis, cognomine Stephani. S.
Adelæ comitissæ uxoris Henrici comitis cognomine Stephani. » (Gall. Christ. t. 2, instr. eccl. Bituric, n° 58,
col. 51-52. — Histoire... de Champagne... par H.
d'Arbois de Jubainville, t. I, n° 38, pp. 472-473).

15° Blois, novembre 1089. « Ego Stephanus comes... Signum Stephani Comitis. » (Hist. de Blois, Bernier. Pr.,
pp. XIII-XIV. — Histoire... de Champagne... d'Arbois de Jubainville, t. I, n° 65, pp. 504-506).

16° 1090-1095. « Comes Stephanus. » (Hist. de la maison de
Chastillon, André du Chesne, pr. p. 21. — Histoire...
de Champagne... par H. d'Arbois de Jubainville, t. I,
n° 69, pp. 508-509).

17° vers 1096. « Ego Stephanus comes... Signum comitis
Stephani. » (Rec. des Ch. de Cluny, Bruel, t. 5, n° 3717,
pp. 63-64).

18° Meaux, 11 mars 1095/6. « sub Stephano comite. » (Hist.
de l'église de Meaux par D. Toussaints du Plessis, t. 2,
n° 14, p. 9. — Histoire... de Champagne... H. d'Arbois de Jubainville, t. I, n° 71, p. 510).

19° 1096. « Ego Stephanus comes... Stephani comitis. »
(Annales ordinis Sti Benedicti... Mabillon, t. 5, pp.
656-657. — Histoire... de Champagne... d'Arbois de
Jubainville, t. I, n° 72, pp. 510-514).

20° 28 janvier 1101/2 (?). « sub domino meo Henrico...
dominus meus comes Henricus... (Hist. de l'église de
Meaux par D. Toussaints du Plessis, t. 2, n° 25, pp.
16-18).

21° 1102. « Stephano comite. » (d° t. 2, n° 26, p. 18).
Texte historique :
vers 1066. « Stephani. » (Rec. des hist. des Gaules, t. XI,
p. 258 « Ex Gestis Ambasiensium dominorum. — Histoire... de Champagne... H. d'Arbois de Jubainville,
t. I, p. 392, note 5).

[29] Textes diplomatiques. Il est inutile de les énumérer, car aucun
ne donne au duc d'autre nom que celui de Eudes (*Ernest Petit*. Histoire des Ducs de Bourgogne de la race capétienne, t. I. Dijon, La-
marche, 1885, pp. 408-427, n°ˢ 81-112 et p. 271 au sujet du surnom).
Textes historiques :
— frater autem ducis Odonis cognomento Borel. » (Spi-
cileguim... d'Achery, t. 2, Parisiis 1723, p. 433, 2ᵉ col.
Antiquum Besuensis abbatiæ chronicon authore Joanne
monacho).
— « Odonemcognomento Borrel genuit, Odo vero Hugonem... » (Biblioth. de l'Ec. des Chartes, t. XLI, p. 565.
Chronique de St-Claude).

[30] Texte diplomatique :
1079 (?) « Guigonis cognomento Raimundi. » (Rec. des
Chartes de Cluny, Bruel, t. 4, n° 3542, pp. 669-670).
Pas de texte historique.
[1109 ?] « December. Nonas... Guigo comes Forencis »
abbé C.-U.-J. Chevalier. Necrologium prioratus Sancti
Roberti Cornilionis Gratianopolitanæ diœcesis ordinis
Sancti Benedicti ; Académie Dolphinale. Documents
inédits relatifs au Dauphiné, 2ᵉ volume, Grenoble, Prudhomme, 1868, 4 livraison, p. 56).

[31] Textes diplomatiques. Il n'y a pas lieu de les énumérer : tous
donnent au roi le nom de Louis (Louis VI le gros, Annales de sa vie
et de son règne (1081-1137) avec une introduction historique par
Ach. Luchaire. Paris, Picard, 1890).
Textes historiques : le suivant est le seul cui fasse connaître les
deux noms du roi.
Ludovicus Tedbaldus, filius ejus Aurelianis intronizatus
est. » (Orderici Vitalis... Historiæ ecclesiasitcæ — lib.
XIᵘˢ, ed. A. Le Prevost, t. IV, p. 284. Société de l'Histoire de France).

[32] Textes diplomatiques : Même remarque. (Etudes sur les actes de
Louis VII, par Ach. Luchaire, Paris, Picard, 1885).
Textes historiques : Même remarque que pour Louis VI.
« peperit ei quatuor filios : Philippum et Ludovicum Flo-
rum, Henricum et Hugonem. » (Orderici Vitalis...
Historiæ ecclesiasticæ... lib. XIᵘˢ ed. A. Le Prevost,
t. VI, pp. 284-285. Soc. de l'Hist. de France).

[33] Textes diplomatiques : Même ermarque cue pour Louis VI et Louis VII.

Textes historiques :

— « Philippum magnanimum... qui Adeodatus dictus est pro eo quod... datus est ei filius a Deo. » (Œuvres de Rigord et de Guillaume le Breton, par H. François Delaborde, t. I, p. 176. Gesta Philippi Augusti Guillelmi Armorici, liber § II).

— « natus fuit Philippus... mense Augusto... Iste antonomastice debet vocari Adeodatus quia... datus est ei a Deo filius nomine Philippus. » (d° t. I, pp. 7-8. Rigordi liber. Gesta Philippi Augusti).

— Flandrensis comes. ....
qui regem puerum sacro de fonte levarat
Unde nomen suum, sicut mos exigit, illi
Indiderat. ....
(d° t. 2, p. 41. Guillelmi Armorici Philippidos, lib. II, vers 12-16).

— « mense Augusto natus est... Puer autem baptizatus ad nomen comitis Flandriæ Philippus appellatus est. » (Rec. des hist. des Gaules, t. 13, p. 128. Ex Gervasii Dorobernensis monachi Chronico de Regibus Angliæ).

— Serenissimo et amantissimo domino suo Ludovico, Dei gratia. Philippi regis Francorum semper Augusti, illustri filio... magister Rigordus..... Incipit prologus in librum... gestorum Philippi Augusti, Christianissimi Francorum reges..... Sed forte miramini quod in prima fronte hujus operis voco regem Augustum. [1°] Augustos *enim* vocare consueverunt scriptores Cesares qui rempublicam augmentabant ab augeo, auges dictos; unde iste merito dictus est Augustus ab aucta republica. Adjecit enim regno suo totam Viromandiam — [2°] Natus est *enim* mense Augusto....... » (Œuvres de Rigord... Delaborde, t. I, pp. 1, 4, 6).

— « in crastino ortus sui... pater ejus... filium suum baptismatis sacramento confirmari feci. » (Vie de Louis le Gros, par Suger, suivie de l'Histoire du Roi Louis VII. par Aug. Molinier. Paris, Picard, 1887, p. 177).

[34] Ademarus, de Margareta filia Rainaldi de Torenna et Matildis, genuit Bosonem qui postea, *eò quod erat solus,* Ademarus appellatus est (Chronicon Gaufredi prioris Vosiensis; *Labbe* Bibliotheca nova t. II, 304).

[35] 3 avril 896 : in comitatu Viennensi, in villa Tertio superiori.... in alia fronte terra ad infantes Constantini. (Chartes de Cluny, n° 59, t. I, pp. 68-69).

 Ancient laws and institutes of England... printed by command
of His late Majesty king William IV under the direction of the
commissioners on the public records of the Kingdom, MDCCCXL :
Leges Regis Edwardi confessoris, § XXXV, p. 198.

Pour la date de ce texte, voir *Charles Gross*. The sources and lite-
rature of English history from the earliest times to about 1485.
Longmans, Green and C°, London, 1900, p. 202, n° 1405.

[57] Gesta regum Anglorum lib. I, § 68.

[58] Acta Sanctorum Junii tomus II, p. 319.

[59] Cette chronique a été publiée dans l'ouvrage suivant : *William
F. Skene*. Chronicles of the Picts, Chronicles of the Scots and other
early memorials of Scottish history. H. M. General register house.
Edinburgh, 1867, n° XXXIII, pp. 209-213, avec la lacune suivante,
p. 210 : Iste Edwardus genuit Margaretam reginam Scottorum et
Edgarum, Edgarus...... [genu]it Margaretam. De qua natus est
Henricus dictus Lupellus, Predictus Knut......

Précédemment, elle avait été publiée avec la même lacune, par Sir
Francis Palgrave : Scotland. Documents and Records illustrating the
History of Scotland and the transactions between the crowns of
Scotland and England preserved in the treasury of her Majesty's
Exchequer. — Vol. I collected und edited by Sir Francis Palgrave
K. H... under the Direction of the commissioners on the public
records of the Kingdom, 1837, pp. 98-104, n° XXX.

Cette lacune répondant à un passage qui pouvait être capital pour
l'objet des recherches actuelles, leur auteur a désiré, le 9 juillet
1896, voir de ses propres yeux le document dont il s'agit. Il se trouve
conservé à Londres au *Public Record Office*, sous la cote suivante :
Chapter House Scotch Document, Box 100, n° 170. Le texte est
transcrit sur parchemin ; les apparences paléographiques sont du
XIII° siècle. Les initiales sont tracées à l'encre bleue et rehaussées
de carmin ; les dates données par le texte se détachent en marge.
Le texte comprend 34 lignes et les lacunes importantes que les éditeurs britanniques ont renoncé à combler sont d'une surface assez
restreinte de sorte que la restitution du texte mutilé ne souffre aucune
difficulté réelle.

[40] Habuit autem Svein duos filios quos peperit ei Miseconis ducis
filia, soror Bolizlai, que ab eodem Sveino diu expulsa non modicam
cum ceteris controversiam perpessa fuerat (Annalista Saxo. 1016 ;
Monum. Germ. histor. Scriptorum t. VI, p. 670. — Voir Thietmar,
Scirpt. t. VII, pp. 26-27).

[41] Cosmæ Chronicon *Bohemorum* lib. I, cap. 41 (Script. t. IX,
MDCCCLI, p. 64).

[42] 1035. Otto de Suinvorde, filius Heinric marchionis de Gerberga
matre genitus Machtildem filiam Bolizlai Polanorum ducis sibi des-
ponsavit (Annalista Saxo : Script. VI, MDCCCXLIIII, p. 679).

⁴³ Tabula genealogica stirpem arpadianam exhibens (Notitia rerum Hungaricarum editio III, ab.... Carolo Francisco Palma, pars I, Pestini, Budæ et Cassoviæ, Sumptibus I. M. Weingand... 1785. A la fin du volume). — Az Arpàdok nem zedékr endje (Történeti Nép-és földrajzi Könyvtàr Kiadja Szabó Ferencz...................... LI. Kötet. Nagy-becskereken... 1892. Az Arpàdok csalàdi története irta Dr. Wertner Mér... Nagy-Becsker eken pleitz Fer. Pàl Könyvnyomdàjà, 1892. 5ᵉ et dernier tableau).

C'est grâce à l'obligeance de Mgr Fraknoi, directeur de l'Institut historique hongrois à Rome, le 28 novembre 1897, qu'il a été possible de consulter ces ouvrages relatifs à l'histoire de Hongrie.

Le tableau du docteur Wertner ne nomme que Judit, fille de Geza, et la fait descendre de Sarolta : il indique les deux autres filles sans les nommer et les fait descendre d'Adélaïde.

Le tableau plus ancien de Charles-François Palma les nomme toutes les trois : il est évident que la seconde, Sarolta, est comme Gisèle fille de Sarolta et non pas d'Adélaïde.

⁴⁴ Waic, rex Pannonie, gener Heinrici ducis Bawarie, hortatu imperatoris in regno suo episcopales cathedras faciens, coronam et benedictionem accepit (Annalista Saxo, 990 ; Script. VI, p. 644).

⁴⁵ P. 271 et note *b* (d'après *Daniel Cornides*. Regum Hung, qui sæculo XI regnavere genealogiam illustrat atque ab objectionibus Rᵐᵗ D. Antonii Ganoczi vindicat. 1778, p. 228) leur attribue, avec doute, Agathe mariée à Edward, fils du roi Edmond, Hedwige mariée avec Eppon comte de Nellenburg et une anonyme mariée avec Sanad ou Chanad.

⁴⁶ Othloni Vita Sancti Wolfkangi episcopi, § 17. Script. t. IV, p. 538.

⁴⁷ [1003] Ernesto.... Domnus Bruno etiam frater regis Heinrici et episcopus associatur, ætate juvenis et per juventutem ad seducendum facilis...... Hezelo... cum domno Brunone ad Bulizlavum... fugit... quasi mendicus alieno pane vivere discit......

[1004]. Domnus Bruno autem apud Bulizlaum consolationem non inveniens, ad sororem suam Ungaricam reginam confugit... intercessionem ejus imploravit...

Tinga... ibi ei domnus Bruno cum legatis Ungarici regis qui ad intercedendum pro eo veniebant ad se reversus obviam venit et veniam... humiliter postulavit... (*Adalboldi* vita Heinrici II imperatoris; Script t. IV, pp. 689, 691).

⁴⁸ Regis autem frater erat Bruno Augustensis sedis episcopus qui felicibus fratris actibus invidens, multas ei adversitatum injurias in quantum potuit inferebat.........

Anno... 1025... Chuonradus... regnum suscepit... Sublimatus autem in regni sede consilio Brunonis episcopi Augustensis, fratris, Heinrici imperatoris qui semper... felicibus ejus invidebat actibus. Babenbergensem episcopatum meditabatur destruere. Quia idem

Brun episcopus promisit reginæ Giselæ omnia prœdia hœreditario jure ad se pertinentia filio ejus Heinrico contradere... etc... (Adalberti Vita Heinrici II imperatoris; Script. t. IV, pp. 805, 811-812).

1029. Brun beatæ memoriæ Augustensis episcopus... 8 kalendas maii obiit (Annales Augustani, Script. t. III, p. 125).

[49] 1031. Pax cum Stephano rege Ungariorum facta est (Annales Augustani, Script. t. III, p. 125).

[50] U. Wahnschafte. Das Herzogthum Kärnten, 64. — Herimanni Aug. chronicon 1012 (Script. t. V, p. 119).

[51] Acta Sanctorum. Februarius tomus I. Antuerpiæ apud Jacobum Meursium, MDCLVIII, pp. 721-723.

[52] I. Zahn. Steierm. Urkudenbuch, t. I, 29. — Mon. Germ. hist. Diplom., t. I, p. 530.

[53] † IN HOC TVMO/LO RE QVIISCIT BO/NE MEMORIA MARGA/RITA ET VICXIT IN/PACIM ANNUS LXXV/ET TRANSIIT KLEN/DAS IVLIAS RIGNI DOM/NI NOSTRI CH DOEDO RE/GIS TANTO INDICCI/ONE OVARTA ET/ SANTA REOVELE DS /DEDIT (Edmond Leblant. L'épigraphe chrétienne en Gaule et dans l'Afrique romaine. Paris, Ernest Leroux, 1890, p. 59 : Instr. adressées par le Comité des Tr. Hist. et Scientif. aux correspondants du Ministère de l'Instr. publ.)

[54] Annalista Saxo, 1040 (Script. t. VI, p. 685).

[55] pp. 50-51.

[56] Willelmi Malmesbiriensis monachi de Gestis regum Anglorum libri quinque, libr. II, § 228; William Stubbs, Rerum britannicarum medii ævi scriptores t. I, London, 1887, p. 178.

[57] *Ibidem*. (lib. III § 238; Stubbs, t. II, p. 297).

[58] Genealogia Regum Aelredi abbatis Rievallensis. (Acta Sanctorum, junii t. II. pp. 319-320).

[59] The anglo-saxon chronicle, édited with a translation by Benjamin Thorpe (Rerum britannicarum medii ævi scriptores, n° 23, London, 1861, pp. 338 et 167).

En ce qui concerne le droit de suzeraineté du Saint-Siège sur les iles de l'Occident, voir le privilège du pape Urbain II, daté de Bénévent, le 28 juin 1091, concédant la Corse à l'évêque de Pise Daibert, moyennant le paiement d'un cens annuel de 50 livres en monnaie de Lucques. (Bibl. nat. Ms. lat. nouv. acq. 1674, pièce n° 3) : « Cùm omnes insule secundum statuta legalia juris publici habeantur, constat etiam eas religiosi imperaroris Constantini liberalitate ac privilegiorum beati Petri vicariorumque ejus jus proprium esse collatas... »

[60] Pour le développement de ces évènements, voir *Edward A. Freeman*. The history of the norman conquest of England its causes and its results. Oxford, 1875. t. 3, 2ᵉ éd. pp. 526, 529, 547, 608,

609-612, 793, 794, t. 4, pp. 7, 185, 194, 238, 239, 250, 254, 261, 506, 508, 509, 518, 567, 568, 569, 570, 742, 694, 767, 823.

L'hommage fait par le roi Malcolm à York, le 5 juin 1065, en présence d'Edgar et de la reine Marguerite se trouve conservé à Londres, au Public Record office, chapter house, Scots doc. n° 88. (*Scotland*. Documents and Records illustrating the History of Scotland and the transactions between the crowns of Scotland and England preserved in the treasury of her Majesty's Exchequer. Vol. I, collected and edited by Sir Francis Palgrave... 1837, Appendix, p. 367, I.)

⁶¹ Chron. Sax. édit. Gibs., p. 130.

Don de l'évêque de Durham (*Historiæ* Dunelmensis scriptores tres Gaufridus de Coldingham, Robertus de Graystanes et Willielmus de Chambre. London, Edinburgh. MDCCC XXXIX, pp. XXII-XXIII, n° XIII, The publications of the Surtees Society).

⁶² Orderici Vitalis angligenæ cœnobii sancti Ebrulfi, Uticensis monachi Historiæ ecclesiasticæ... ed. Aug. Le Prevost. Parisiis, Renouard, 1852. (Soc. de l'hist. de France), t. 4, p. 70).

⁶³ *William Dugdale*. The baronage of England. Tome the first. London, 1675, pp. 317-318, 318-321, 370, 557-561.

⁶⁴ Edgar Adeling reddit computum de XX marcis argenti. In thesauro, X marc. argenti et debet X marc. argenti. — 1159. Norhumberland. Adgar Adeling reddit computum de X marcis. In thesauro liberavit et quictus est. — 1167. Norhumberland. Edgar Adeling reddit computum de II marcis. In thesauro liberavit et quictus est. (*Northumberland* Magnus rotulus Pipæ : History of Northumberland the Rev. John Hodgson M. R. S. L. part. III, vol. III Newcastle upon Tyne, MDCCC XXXV, vol. 1, 3, 10, 11).

⁶⁵ Vita auctore Eadmero monacho Cantuariensi (Aela Sanctorum Aprilis t. II. Antuerpiæ MDCLXXV, pp. 866-893). — Alia vita ex historia Novorum Edmeri (*Ibidem*, pp. 893-953).

⁶⁶ The peerage of Scotland containing an historical an genealogical account of the nobility of that kingdom, from their origin to the present generation, collected from the public records and, ancient chartularies of this Nation, the charters and other writings of the nobility and the works of our best historians, illustrated with copper-plates, by Robert Douglas esq Edinburgh, printed by R. Fleming. MDCC. LXIV, pp. 437-442 : Dunbar, earl of March, pp. 499-500 : Dunbar earl of Murray.

⁶⁷ Symeonis of Durham monachi opera omnia. Historia regum, ed. Thomas Arnold, London 1885. (Rerum britannicarum medii ævi scriptores n° 75).

⁶⁸ James A. Sharp. A new gazetteer or topographical dictionary of the British Islands and narrow seas... London, 1852, t. I, p. 573.

Voir, pour l'enquête relative à Glasgow, de 1121, l'édition de Haddan et de Stubbs (Councils and ecclesiastical documents relating to Great Britain and Ireland, edited, after Spelman and Wilking, by Arthur West Haddan, B. D., and William Stubbs, M. A., vol. II, part. I, Oxford, Clarendon press, 1873, pp. 17-19).

On sait que Garcende, fille de la reine Mahaud et de Guigues VIII, a épousé Guillaume, marquis de Provence, comte de Forcalquier, qui meurt au mois d'octobre 1129. Garcende, encore vivante en novembre 1160, a dû naitre vers 1100 et se marier vers 1125. C'est précisément à partir de cette date probable de son mariage que parait le nom de la petite localité · de Dauphin voisine de Saint-Maime, dans le diocèse de Sisteron et au comté de Forcalquier : « *Isnardus de Dalfino* avec *Langerius de Sancto Maximo*, au mois d'août 1126, accompagne le comte de Forcalquier Guillaume à Volx *in solario turris ipsius castri, ospitante ibi ipso Vilelmo comite cum plusquam centum militibus.* (Arch. des Bouches-du-Rhône : B. 278). Cet *Isnardus de Dalfino* reparaît à Avignon en octobre 1129, témoin d'un acte fort important (Gall-Christ. t. I, Inst. p. 142, 1ᵉ col.). Le 6 août 1147 (?), on voit Milon Badat, gendre d'Isnard, réclamer à l'évêque de Nice, devant les consuls de Nice, au nom du fils et des filles d'Isnard de Dauphin, *nomine filii et filiarum Isnardi Dalfini,* une pièce de terre sise à Roquebillère que l'évêque voulait retenir parce que ledit Isnard de Dauphin l'avait donnée à l'église Notre-Dame de Nice pour son cousin Geoffroy, chanoine de Nice (*Cais de Pierlas*. Cart. de Nice, pp. 73-74, n° 62) : ce procès fut jugé le 4 octobre 1153. *Ibid.*, pp. 129-130, n° 101). Arnaud de Dauphin parait à Riez en 1156 (Arch. des Bouches-du-Rhône : H. Malte, 832). Isnard II de Dauphin parait à Manosque en 1161 (Arch. munic. de Manosque : Ka 2), à Sisteron, le 6 janvier 1167/8 (B. du Rh. : H. Silvacane 6, 114), en 1168 (B. du Rh. : Malte, Manosque, liasse 670). Le 12 janvier 1182/3 figurent ensemble *Raibaudus de Dalfino, Isnardus de Dalfino* (*Ibid.*, B. 22). En mars 1185 se rencontre *Raimundus de Mirindolio et uxor mea Daphina* (*Ibid.*, H. Temple 115). En juillet 1199, un acte se passe *apud Dalfinum, intus, in furnello Isnardi de Dalfino.* : B. 298). Enfin, le 24 juin 1201, à Apt figure *Dalfinus* (*Ibid.*, B. 300). Le *territorium Dalfini* figure comme limite de celui de Manosque dès ,le 30 mai 1149 (Arch. de Manosque : Ka 1 ; Ff. 13 f° II r°) et le testament du comte Bertrand fait à Saint-Gilles en 1168 montre que, comme Saint-Maime, il formait également un *Castrum* (Arch. Manosque : Ka 4).

Son église, comme celle de Pierrevert, se trouvait dédiée à saint Patrice : l'abbé de Psalmody et le prévôt de Forcalquier échangent ses dîmes en septembre 1189 (Bibl. de Carpentras : Ms. 512, f° 30 v°, n° 171).

Il est bien tentant de croire que ce petit terroir de Dauphin contigu à celui important et plus anciennement connu de Saint-Maime en aura été détaché vers 1125 au moment où le comte de Forcalquier épousait la fille de la reine Mahaud et aura, reçu alors le nom britannique de Dauphin : son église se trouve dédiée à saint Patrice, or le comte de Cumberland Dolfin cousin germain de la reine Mahaud était le fils du comte Gospatric de Northumberland.

Le mariage provençal de Garcende fille de la reine Mahaud aura ainsi amené, d'abord comme nom de localité, puis comme nom de personne, le vocable *Dalfinus* vers 1125 dans le comté de Forcalquier.

De même, à la génération suivante, le mariage auvergnat de Marquise d'Albon fille de Guigues IX-Dauphin, amène ce nom de personne en Auvergne :

13 décembre 1172 : « obiit quedam domina de Retornaget Poncia nomine, mater Delfinorum. » (Cartulaire de Chamalières publié par A. Chassaing avec introduction et tables par A. Jacobin. Paris, 1895, p. 47, n° 92).

1ᵉʳ mai 1173 : « B. Leodegarius tonsuram... suscipiens donavit..... in... villa.... Nant.... Hoc concessit et propriâ manu firmavit Dalfinus miles, de genere ipsius » (*Ibid.*, p. 61, n° 121).

Si, d'après le dicton provençal, les filles de Dauphin dansent au son du même tambourin que celles de Saint-Maime, le Dolphinton, qui, dans le comté de Lanark rappelle le comte de Cumberland Dolfin, est également une bien petite terre : « This is but a very litle parish » (*Descriptions* of the Sheriffdoms of Lanark and Renfrew compiled about MDCCX by William Hamilton of Wishaw, with illustrative notes and appendices. Printed at Glasgow MD CCCXXXI (printed for the Maitland Club by Hutchison and Brookman) : in-4° de XXVIII-304 pp. + 54 pp. nch. + 2 pp. bl. + 6 pl. hors texte, à la p. 57.

[69] The Annals of loch Cé, t. I, p. 53 (Rerum britannicarum medii ævi scriptores n° 54).

[70] Icelandie sagas and other historical documents relating to the settlements and descents of the northmen on the british isles, vol. I. Orkneyinga saga and magnus saga with appendices edited by Gudbrand Vigfusson m. a. London, 1887, Genealogies I, Iarla-Ættir, pp. XLII-XLIII.

[71] An icelandic-english dictionary based on the ms. collections of the late Richard Cleasby, enlarged and completed by Gudbrand Vigfusson, M. A. with an introduction and life of Richard Cleasby by George Webbe Dasent, D. C. L. Oxford, at the Clarendon press, 1874, pp. 743, 154.

[72] *G. Gravier*. Le roc de Dighton (Congrès international des Américanistes. Compte rendu de la 1ʳᵉ session. Nancy, 1875. T. I, Nancy, G. Crépin-Leblond ; Paris, Maisonneuve, 1875, pp. 166-192).

[73] *Barrigue de Montvalon*. Précis des ordonnances, édits, déclarations, lettres-patentes, statuts et règlemens, dont les dispositions

sont le plus souvent en usage dans le Ressort du Parlement de Provence. Disposé par ordre alphabétique. Avec une Table où toutes les citations sont rangées pa rordre de date & qui indique la page des Registres & des Livres qui les ont fournies par M. Barrigue de Montwalon, conseiller honoraire, imprimé par ordre du même parlement. A Aix, chez la veuve de Joseph David & Esprit David, Imprimeurs du Roy. M.DCC.LII, avec privilège du Roy, p. 310.

[14] *L. Bouly de Lesdain.* Etudes héraldiques sur le XIIe siècle. Paris, Honoré Champion, 1907, p. 49.

Le Dauphin, *Delphinus delphis* se distingue du marsouin, *Phocœna communis :* sa rapidité peut atteindre 70 kilomètres à l'heure. Allant volontiers deux à deux, par paires ou par couples, son nom hellénique δέλφιν, parait dériver du mot δέλφύς qui désigne l'organe féminin de la reproduction et qui répond au latin *vulva.*

Gustave Bord. Le Dauphin. En Mer, au passage de la Teigneuse, 1911. In-12 de 177 pp. + 3 pp. nch. + 12 pl. hors texte (impr. de Montligeon).

[15] S. Aviti archiepiscopi viennensis opera edita nunc primùm, vel instaurata, cura & studio Iacobi Sirmondi Societatis Iesv presbyteri. Parisiis, apud Sebastianum Cramoisy, architypographum Regium, viâ Iacobæâ, sub Ciconiis. MDC.XL III, pp. 130-132, n° LXXVIII.

Alcimi Ecdicii Aviti Viennensis episcopi epistularum ad diversos n° LXXXVII, ed. Rud. Peiper (Monumenta Germaniæ historica, Auctorum antiquissimorum tomi VI, pp. 96-97. Berolini 1883).

[16] *Georges de Manteyer.* Les origines chrétiennes de la IIe Narbonnaise des Alpes-Maritimes et de la Viennoise (364-483). Gap, impr. Jean & Peyrot, 6, avenue de Provence, pp. 14-16, 339-340 et planche IV hors texte.

[17] *Emile Espérandieu.* Recueil général des bas reliefs de la Gaule romaine, t. I, Paris, impr. nat. MDCCCCVII, p. 278, n° 399.

[18] *Karl Obser.* Wilfrid der ältere, bischof von York : ein Beitrag zur angelsächsischen Geschichte des siebenten Jahrhunderts. Karlsruhe, Friedrich Gutsch 1884. — *Mommsen,* n° 6528 ; Corp. inscr. lat. VII, 693 ; *Vincent de Vit.* Totius latinitatis onomasticon, t. I, Prati, 1859-1861, p. 585.

[19] Baedæ historia ecclesiastica gentis Anglorum edidit Alfred Holder, zweite ausgabe, Freiburg, J.-C.-B. Mohr, pp. 147-148, 259-267.

L'office et la vie de saint Chaumond evesque de Lyon & Martyr, premier instituteur des Communautez de Filles séculières en France. Sa Feste est le 28 septembre. A Paris, chez Pierre Trabouillet, au Palais, dans la galerie des Prisonniers, à l'image Saint Hubert proche le Greffe des Eaux & Forests. M.DC.XC.II. Avec Approbations & Permission.

in-12 de 1 p. nch. + 1 p. bl. + 3-20 × 17 + 22-96 +
89-108 + 2 pp. nch. + 2 pp. bl. (Bibl. Méjanes : in-8°
n° 8382). Voir, p. 84 : « Ennemond qu'on appelle com-
munément *Chaumond*, & que le vénérable Bede, après
Eddius, nomme *Daufin* & le Poète Fridegod *Daluin*... »

⁂ *W. Deonna.* L'œuf, les dauphins et la naissance d'Aphrodite
(*René Dussaud, Paul Alphandery.* Annales du Musée Guimet. Revue
de l'histoire des religions, t. LXXXV, n° 3, mai-juin 1922, Paris,
Ernest Leroux, pp. 157-166).

« Le dauphin désigna aussi le Christ.... les Chrétiens conservèrent
sur leurs sarcophages ce symbole d'origine païenne en lui attribuant
un sens nouveau... Cette idée de salut attachée à cet animal... cette
fonction qu'on lui attribuait de mener les hommes au séjour éternel
du bonheur, tou tcela explique que les Chrétiens aient fait du dauphin
une image du Sauveur » (*AlfredMaury.* Croyances et légendes du
moyen-âge. Nouvelle édition des fées au moyen-âge et des légendes
pieuses par MM. Auguste Longnon, G. Bonet-Maury. Paris, Champion, 1896, pp. 278-279. — *Boldetti.* Osserv. 366; *Bottari,* pp. 68-91;
Millin. Voyage dans le Midi de la France, t. III, p. 167; *Creutzer,*
Religions de l'antiquité, trad. Guigniaut, t. II, partie 2, p. 632).

Pl. I

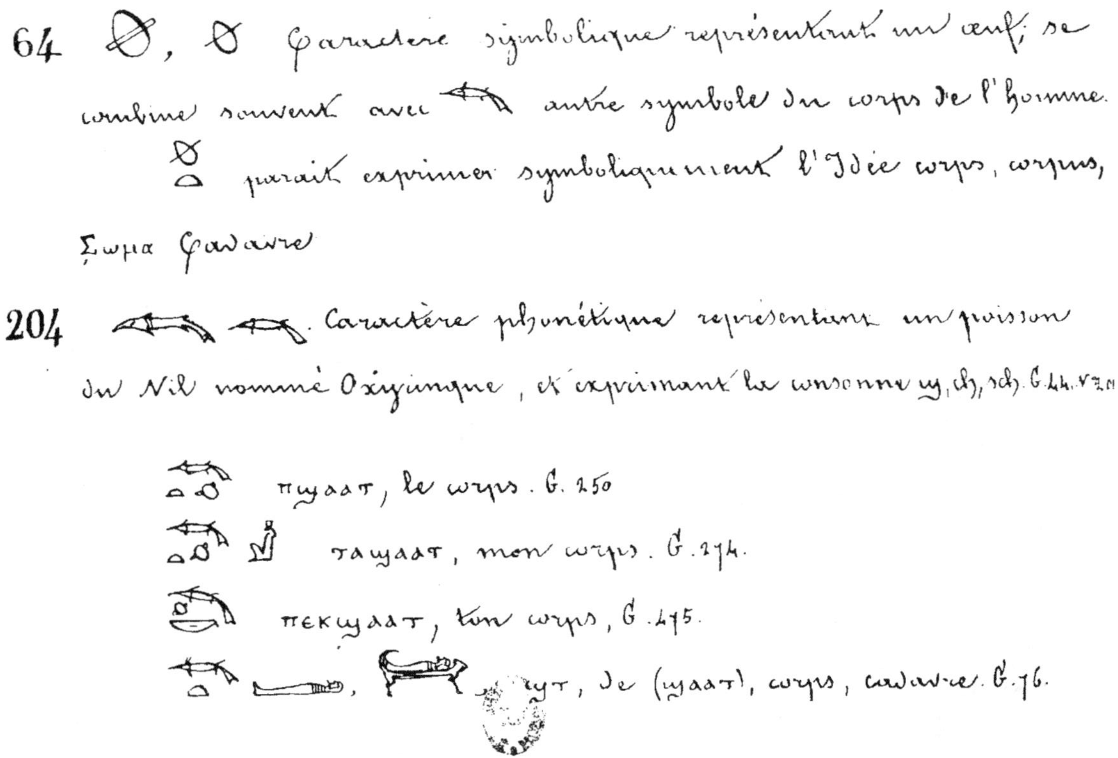
64 , Caractère symbolique représentant un œuf ; se combine souvent avec autre symbole du corps de l'homme.
paraît exprimer symboliquement l'Idée corps, corpus, Σωμα Cadavre

204 . Caractère phonétique représentant un poisson du Nil nommé Oxyrinque, et exprimant la consonne ϣ, ch, sch. G. 44. v. 20

πϣααт, le corps. G. 250

тαϣααт, mon corps. G. 274.

πεκϣααт, ton corps, G. 475.

, ϣт, de (ϣααт), corps, cadavre. G. 76.

Photogravure Moderne du Midi
Marseille

Cliché Mounier
Gap

Fig. 1. **Le groupe hiéroglyphique primitif, composé de l'œuf femelle** aal, **et du poisson mâle** sch, **dont l'union produit la vie de l'être,** schaal

(J.-F. Champollion le jeune. Dictionnaire égyptien. Paris, Firmin Didot, MDCCCXLI, ...)

Photogravure Moderne du Midi   Cliché Giraudon
Marseille   9, rue des Beaux Arts Paris

Fig. 2. Le dauphin hellénique et archaïque de Messine

(520-400 av. J.-C.)

Cabinet de France (Coll. de Luynes)
au quadruple du diamètre de sa grandeur

Photogravure Moderne du Midi   Cliché Mottet
Marseille   Gap

Fig. 3. Le dauphin héllénique de Tarente

(380-345 av. J.-C.)

Cabinet de Manteyer
au double du diamètre de sa grandeur

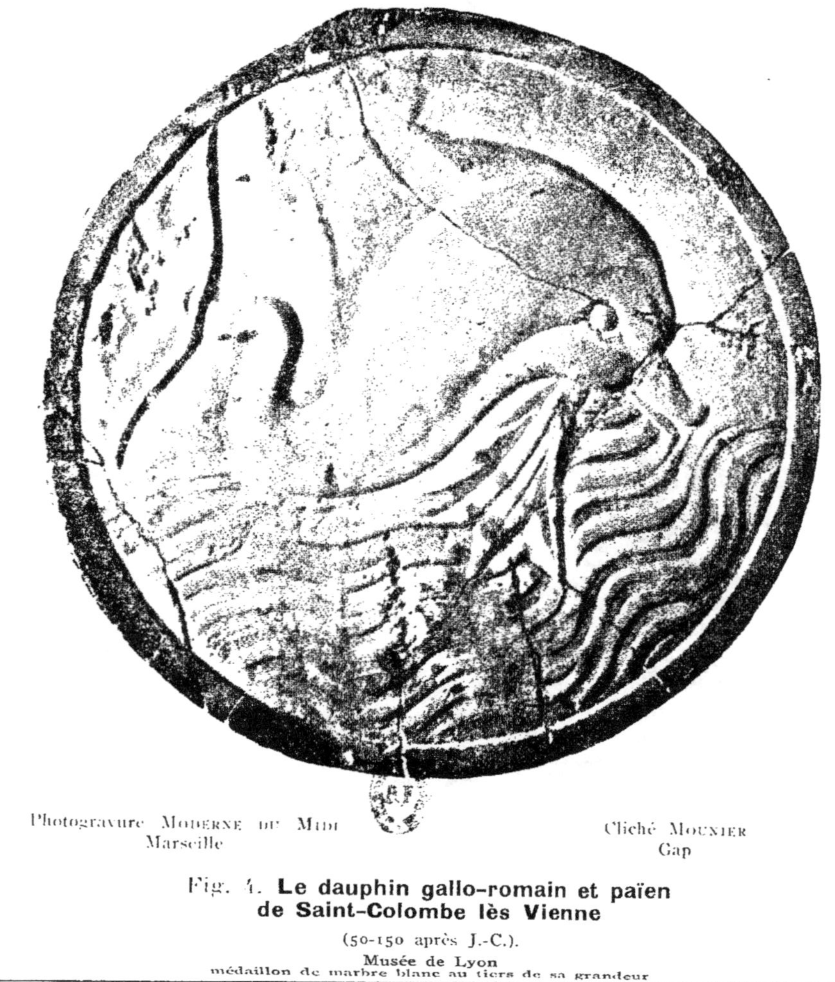

Photogravure Moderne du Midi
Marseille

Cliché Mounier
Gap

Fig. 4. **Le dauphin gallo-romain et païen
de Saint-Colombe lès Vienne**

(50-150 après J.-C.).

Musée de Lyon
médaillon de marbre blanc au tiers de sa grandeur

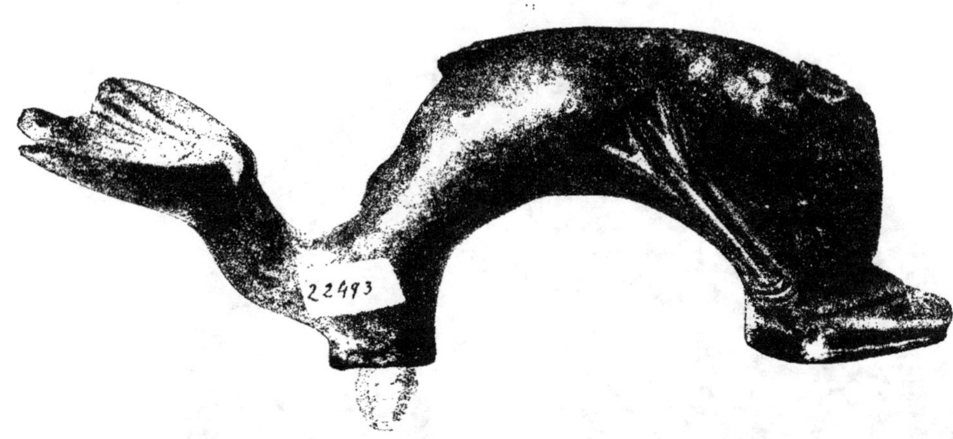

Photogravure Moderne du Midi
Marseille

Cliché J. Faron
Saint-Germain-en-Laye
du 27 juin 1896

Fig. 5. **Un dauphin gallo-romain**

(150-250 après J.-C.)

Musée de Saint-Germain-en-Laye n° 22493
bronze aux deux tiers de sa grandeur

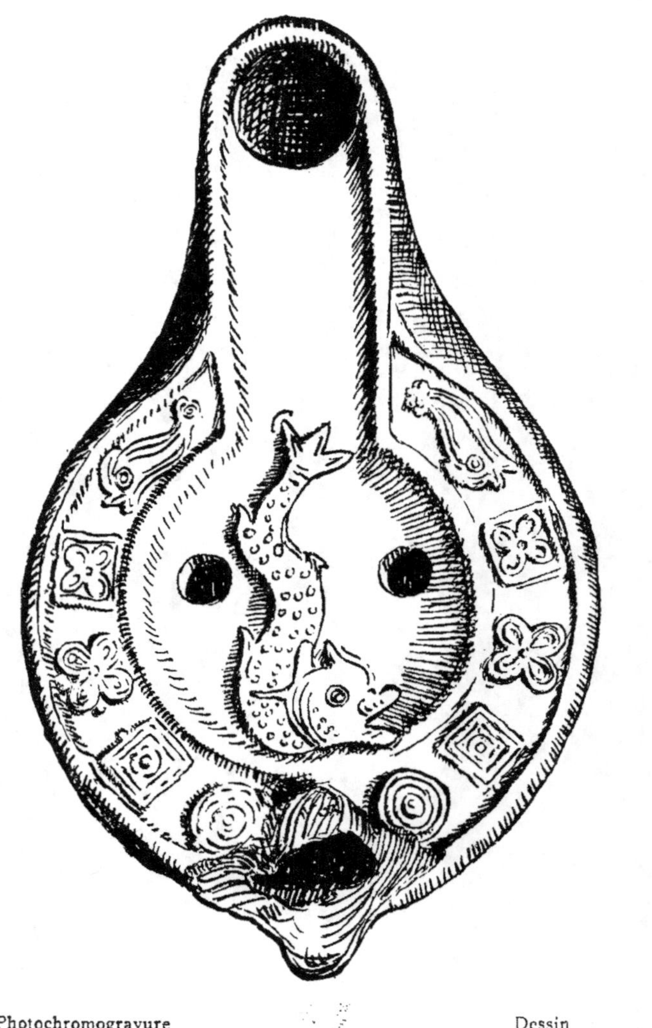

Photochromogravure
Lyon

Dessin
de Mlle Elisabeth Roman-Amat

Fig. 6. **Le dauphin gotique et chrétien de Vienne**
(476-529)

Cabinet de M. Joseph Roman à Picomtal
poterie de terre rouge à sa grandeur réelle

Photogravure Moderne du Midi
Marseille

Cliché Mounier
Gap
d'après un moulage communiqué
par M. Aug. Coulon

Fig. 7. **Le dauphin du contre-sceau de Dauphin,
comte de Clermont en Auvergne**

(30 septembre 1300)

Archives Nationales : J. 426, n° 1.

Légende : — SIGILLVM : Delfini : CIOMITIS : CLA ROMONTIS
— SIGILLVM :I DELFINI

cire vierge : sceau de 68ᵐ/ᵐ et contre-sceau de 34ᵐ/ᵐ

Photogravure MODERNE DU MIDI
Marseille

Cliché MOUNIER
Gap
d'après un moulage communiqué
par M. Auc COTTON

Fig. 8. Le dauphin du sceau de Hugues Dauphin d'Auvergne

(. . . . . 1262)

Archives Nationales : cote actuelle inconnue

Légende : — *Sigillum Hugonis* : DALFINI : FRATRIS : Roberti : DALFINI
cire vierge : 30 m/m de diamètre

Photogravure Moderne du Midi
Marseille

Cliché Mounier
Gap

Fig. 9. **Le dauphin de Dauphin-André, comte d'Albon**

denier de la monnaie briançonnaise de Césanne
(1202-1218)
Cabinet de Manteyer

Légende : — Comes DALFINVS
VIENENSIVM
denier de billon : 17m/m de diamètre

Photogravure Moderne du Midi
Marseille

Cliché Meunier
Gap
d'après un moulage communiqué
par
M. le Comte Henri de Castries

Fig. 10. Le dauphin de Humbert Iᵉʳ, dauphin de Viennois

(1282-1300)

monnaie du pariage épiscopal et comtal de Grenoble

Légende : — HVMBertus : DALPHinuS : VIENnensis
— : EPiscopuS : GRACIONOPOLitanus
gros d'argent : 25ᵐⁱˡ de diamètre. Poids : 2 gr. 102

Photogravure Moderne de Mass[...] Marseille

Cliché de M. l'Abbé Casimir Aye[...] curé de La Bâtie-Neuve : 1914

Fig. 11. Les dauphins de l'avers du grand sceau de Humbert II, dauphin de Viennois

La Bâtie en Viennois, 26 novembre 1340

Archives des Hautes-Alpes : E. 203. Commune de Puy-Saint-André.

Légende : *Sigillum :* HVMBeRTI : DALPHini : VIENnensis : DVCIS CAmPISAURI : PRINCIPIS : BRIAnSONesii : MARQuiONis : CESANE : VIENnesii : ALPoNis : ET : GRAiSIVandani : COMitis

Avers du grand sceau de cire rouge [...] de diamètre, pendant sur cordons quadrangulaires de soie verte, tressés de quatre tresses.

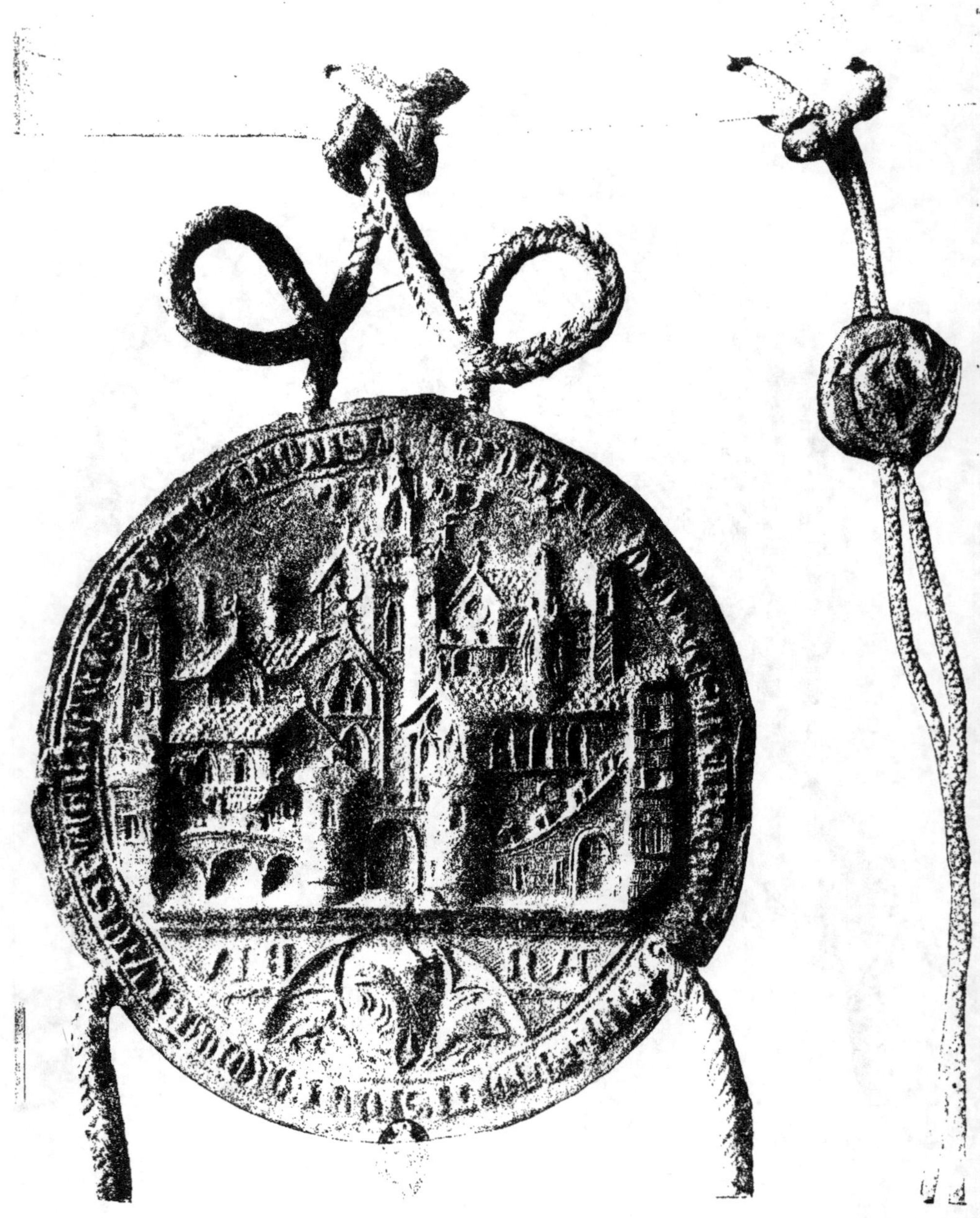

**Fig. 12. L'écu delphinal soutenu de deux dragons rampants
du contre-sceau et le signet personnel au dragon de Humbert II,
dauphin de Viennois**

(La Baume en Viennois, 20 novembre 1341.
Archives des Hautes-Alpes : E. 203. Commune du Puy-Saint-André.)

Légende : — AC : PALATINI · VAPINCESH : EBREDUNG. : ET : ADHE R E :
COmITIS : DomINI : BARON IAR... : TVRRIS : FVCGN... : MonT...
ALBAni : MEDVLlionis : MonTISL.VPF LIL ... ... du champ.
VIEn NA.

Revers du grand sceau précédent.
Petit sceau de cire rouge ... de ... pendant sur cordonnet circulaire
de soie rouge, sans contre-sceau.

TABLE DES MATIÈRES

En conséquence, du Xᵉ au XIIᵉ siècle, tandis
que le nom de naissance est choisi, tout au
moins pour l'aîné par le parent paternel le
plus âgé de la famille de l'enfant, par contre,
le surnom de baptême est choisi par la pa-

VIII. — Le mariage et les enfants d'Edgar Aetheling.

+ LE : NOBLE : ET : FIER : POIS
jeton delphinal
(XVᵉ siècle)

www.ingramcontent.com/pod-product-compliance
Lightning Source LLC
LaVergne TN
LVHW020646200726
843508LV00002B/680